Vol. 36, n° 2
2000

études françaises

Sommaire

Internet et littérature
nouveaux espaces d'écriture ?

N.B.   Ce numéro est accessible sous forme électronique à l'adresse suivante :
<http://www.erudit.org/erudit/etudfr>

Internet et littérature

nouveaux espaces d'écriture?

Présentation

RÉGINE ROBIN

Les auteurs ici rassemblés, franchissant amicalement le fameux « Millenium », avaient tous un but en écrivant leur contribution à ce numéro « Internet et littérature ». Ils voulaient qu'au-delà d'un effet de mode ou d'un engouement pour les nouvelles technologies, le lecteur, le chercheur sentent qu'on avait affaire à un nouveau paradigme qui allait bouleverser, à moyen terme, l'ensemble des études littéraires, aussi bien les discours tenus sur la littérature, les modes d'accès aux sources, les façons et habitudes de lectures que les modes de création littéraire.

C'est pourquoi ce numéro n'est en rien exhaustif. Il ne fait pas l'état de la question, ne tente pas d'établir le recensement des ressources que le chercheur pourrait trouver sur la Toile (le *World Wide Web*). Cette tentative, si elle nous avait effleurée, aurait été dépassée avant même sa saisie et publication, tant ces nouveaux modes d'inscription sur un support immatériel sont mouvants, éphémères, tant ils évoluent avec rapidité. L'article de Benoît Melançon « Lumières et Internet », tente, à propos des Lumières et du XVIII\ᵉ siècle en général, de faire le tour de ce que le dix-huitièmiste a à sa disposition pour le moment. On aurait pu mener la même enquête à propos de Balzac ou de Proust, tant Internet est devenu un outil de recherche indispensable aujourd'hui. Christian Allègre, quant à lui, dans « Textes, corpus littéraires et nouveaux médias électroniques : quelques notes pour une histoire littéraire élargie », brassant une ample information, fait état de ce que le chercheur trouve à sa disposition aujourd'hui sur le Net.

Richesses de la Toile, mais aussi des CD-ROM littéraires. Un bon exemple nous est donné par la présentation de Bernard Magné « *Machines à écrire,* machine à lire», à propos du CD-ROM que Gallimard vient de lancer récemment (conçu par B. Magné et A. Denize) concernant les littératures à contraintes. Ce CD-ROM est construit autour de trois textes combinatoires : *Un conte à votre façon* et *Cent mille milliards de poèmes* de Raymond Queneau, ainsi que *Deux cent quarante-trois cartes postales en couleurs véritables* de Georges Perec. Il est vrai qu'il y a une certaine osmose, un «air de famille» entre les possibilités de la machine et les principes de l'OuLiPo, mais la réussite extraordinaire de ce CD-ROM donne le vertige et montre les immenses possibilités littéraires de ce support.

Quelques articles retracent l'histoire de l'émergence d'Internet et du recours à l'électronique dans le domaine littéraire, aussi bien du point de vue de la création que du point de vue de la lecture et de la réception. On trouvera chez Christian Allègre et chez Paul Braffort un vaste panorama au passé et au présent des réalisations et des potentialités d'Internet et des logiciels de «création artistique assistée par les nouvelles technologies». Paul Braffort fait état des recherches concernant un logiciel appelé «littéraciel», l'ALAMO, pour désigner les programmes informatiques de création littéraire assistée. Il fait l'histoire de la fascination philosophique et littéraire pour la machine calculatrice et combinatoire, qui de Leibniz à Calvino, en passant par Swift et l'OuLiPo, a donné tant de textes littéraires anticipant largement sur les hypertextes d'aujourd'hui. Christian Allègre, dans son article, propose d'écrire l'histoire littéraire d'une façon «trans et pluridisciplinaire à l'âge électronique», ce qui constitue un autre enjeu de ce numéro.

Certains articles ont plus directement comme objet de définir le nouveau paradigme induit par le recours à l'électronique, qui relève de l'horizon hypertextuel. Chez Régine Robin, Jean Clément, Christian Allègre en particulier, cette préoccupation est centrale.

Jean Clément, grand spécialiste de l'Hypertexte (voir son site : <http://hypermedia.univ-paris8.fr>), nous livre une réflexion sur «Hypertexte et complexité» qui montre que l'approche hypertextuelle bouleverse l'ensemble de nos interrogations, constituant des amorces de réponse au paradigme de la complexité qui est le nôtre aujourd'hui. Il s'agit d'une dynamique ouverte, d'une rupture de la linéarité, facteur de «désordre narratif» dont on ne mesure pas totalement le potentiel créatif et innovateur, d'une esthétique fractale, fragmentaire, elle-même en prise sur les sensibilités contemporaines de «l'ère du vide».

Une nouvelle textualité s'impose aujourd'hui sur Internet, dont la portée est considérable. L'hypertexte s'inscrit dans un âge où la complexité, la multiplicité, l'hétérogène, l'aléatoire, l'instabilité et la fragmentation règnent sur notre vie quotidienne, ainsi que sur la redéfinition de notre environnement et de nos identités. Comment définir l'hypertexte ? «Il s'agit [...] d'un ensemble constitué de «documents» non hiérarchisés reliés entre eux par des "liens" que le lecteur peut activer et qui permettent un accès rapide à chacun des éléments constitutifs de l'ensemble» (J. Clément). Plus brièvement encore : «Par hypertexte, j'entends simplement l'écriture non séquentielle» (Nelson).

L'hypertexte demande à la fois de nouvelles compétences de la part du lecteur qui doit pouvoir «naviguer» à travers les éléments de l'ensemble et de la part de l'écrivain qui doit organiser le réseau complexe des liens potentiels, des chemins à prendre ou à laisser dans l'œuvre ainsi constituée.

Pour mieux comprendre l'importance de l'hypertexte, comparons-le à l'organisation du *codex*, le livre tel que nous avons l'habitude de le lire avec la page comme espace de lecture.

1) Alors que le livre est une donnée matérielle que l'on tient en main, que l'on peut manipuler, objet que l'on peut déplacer, l'hypertexte, qui a l'écran comme support, est totalement immatériel. Pour en saisir une donnée concrète, il faut imprimer la version que l'on a sous les yeux.

2) Alors que le livre constitue une totalité finie, l'hypertexte, objet virtuel, est infini. Je ne saisis jamais qu'une version du parcours que j'ai effectué entre les pages-écrans, les nœuds et les mises en rapport que j'ai établis entre ces pages-écrans, par des liens qui ont consisté à cliquer sur des mots, qu'ils soient en surbrillance ou non. Je me suis constitué un chemin à travers une potentialité ouverte dans l'œuvre.

3) L'hypertexte de fiction est non linéaire. Il n'a pas à être lu en continuité, page après page, lesquelles sont, dans un livre, numérotées. Je peux passer des liens proposés, revenir en arrière, trouver d'autres parcours, d'autres cheminements — lesquels doivent pouvoir faire sens, mais dans un autre type de narrativité. Résolument rhizomatique (G. Deleuze et F. Guattari), il rompt avec nos habitudes encyclopédiques.

4) Alors que le livre de fiction a un début (l'incipit) et une fin, l'hypertexte de fiction, même s'il a un début apparent, peut être pris à n'importe quel moment de ses potentialités et abandonné aussi à n'importe quel moment. Il déçoit donc nos habitudes de lecteurs de roman par une certaine circularité, une indétermination, une ouverture infinie. Loin d'être dans l'esthétique de la représentation, il s'apparente aux

textes modernistes dont la narrativité a été précisément de détruire la logique, les liens hypotaxiques du roman réaliste.

5) Non-linéarité, ouverture infinie, version toujours différente, immatérialité, tout cela entraîne une activité nouvelle du lecteur. Nous savons aujourd'hui que le lecteur n'a jamais été une figure passive, mais il est vrai que l'hypertexte appelle une nouvelle activité de sa part. Non que l'hypertexte soit vraiment interactif (ce n'est pas le lecteur qui écrit le texte), mais le lecteur crée toutefois son cheminement dans l'œuvre, il choisit les liens qui le font passer d'une page-écran à une autre, se construit des parcours alternatifs, si bien que G. Landow a pu proposer une figure nouvelle, celle du *Wreader*, pour montrer la coopération de l'auteur et du lecteur, une nouvelle place de co-lecteur ou de co-auteur.

La « mise en littérature » devient tout autre, effaçant les frontières de genres, provoquant une « indéfinition » dans la métamorphose perpétuelle.

Le lecteur trouvera également dans mon « Texte cyborg » la présentation de ma page Web (<http://www.er.uqam.ca/nobel/r24136>) qui propose l'amorce d'une création autobiographique hypertextuelle qui n'est qu'un début d'une œuvre cherchant à renouveler les récits de soi sur un mode éclaté, à l'image du sujet postmoderne.

Il s'agit donc d'un numéro qui amorce une interrogation sur les nouvelles technologies et la littérature. Ni bilan définitif, ni certitudes. Quelques réflexions, quelques notes, prises de position, esquisses de création ludique… La littérature telle qu'en elle-même, Internet la change…

Bibliographie sur l'hypertexte de fiction[1]

Quelques œuvres littéraires qui anticipent ou simulent l'hypertexte de fiction :

BARTH, John, *Lost in the Funhouse*, New York, Bantam, 1968.

BORGES, Jorge Luis, « Le jardin aux sentiers qui bifurquent », dans *Œuvres complètes*, t. 1, Paris, Gallimard, « Bibliothèque de la Pléiade », 1993, p. 505-506.

BUTOR, Michel, *6 810 000 litres d'eau par seconde*, Paris, Gallimard, 1965.

CALVINO, Italo, *Si par une nuit d'hiver un voyageur*, Paris, Seuil, 1981.

CORTÁZAR, Julio, *Marelle*, Paris, Gallimard, 1966.

QUENEAU, Raymond, *Cent mille milliards de poèmes*, Paris, Gallimard, 1961.

---

1. On complétera cette bibliographie par celle de Christian Allègre, p. 80.

PAVIC, Milorad, *Le dictionnaire Khazar*, Paris, Belfond, 1988.

ROUBAUD, Jacques, *La boucle*, Paris, Seuil, 1993.

SAPORTA, Marc, *Composition n° 1*, Paris, Seuil, 1965.

Hypertextes de fiction et expérimentations diverses :

AMERIKA, Mark, *Grammatron*. Un des derniers hypertextes expérimentaux sur le Web.

GUYER, Carolyn, *Quibbling*, Eastgate Systems, 1993.

JACKSON, Shelley, *Patchwork Girl*, Eastgate Systems, 1995.

JOYCE, Michael, *Afternoon, A Story*, Eastgate Systems, 1987.

JOYCE, Michael, *Twilight. A symphony*, Eastgate Systems, 1996.

LARSEN, Deena, *Marble Springs*, Eastgate Systems, 1993.

MALLOY, Judy, *Its Name Was Penelope*, Eastgate Systems, 1993.

MALLOY, Judy et Marshall, Cathy, *Forward, Anywhere*, Eastgate Systems, 1996.

McDAID, John, *Uncle Buddy's Phantom Funhouse*, Eastgate Systems, 1993.

MOULTHROP, Stuart, *Victory Garden*, Eastgate Systems, 1992.

RABYD, Bobby, *Sunshine 69*. Hypertexte interactif directement sur le Web : <http://www.sonicet.com/sunshine69>.

SMITH, Sarah, *King of Space*, Eastgate Systems, 1995.

Sites du Web concernant ce domaine :

Site de George Landow :
    <http://www.stg.brown.edu/projects/hypertext/landow/cv/>.
The Electronic Labyrinth :
    <http://web.uvic.ca/~ckeep/elab.html>.
Hyperhorizons :
    <http://www.duke.edu/~msshumate/hyperfic.html>.
Eastgate :
    <http://www.eastgate.com/>.
Jean Clément :
    <http://hypermedia.univ-paris8.fr>.
Régine Robin :
    <http://www.er.uqam.ca/nobel/r24136>.
Antoine Denize et Bernard Magné,
    Machines à écrire, CD-ROM, Gallimard, 1999.

Le texte cyborg

RÉGINE ROBIN

Que n'a t-on pas dit d'Internet? Il présenterait tous les dangers pour l'humanité future par la perte totale des repères qu'induiraient les nouvelles technologies : connexion généralisée sur le réseau des réseaux, surplus d'information immaîtrisable, présent généralisé liquidant toute dimension d'historicité, ubiquité, effacement des frontières et des médiations aussi bien celles du temps que de l'espace, celles du réel que du fictif, celles de l'identité que du genre, « autisme interactif » qui donnerait le sentiment de la « communauté virtuelle » alors qu'on serait seul devant son écran ; immobilité accrue et fascination de l'écran, disparition de rapports sociaux et interpersonnels verticaux, etc. On est même allé jusqu'à parler d'un « stade de l'écran » pour faire pièce au très lacanien « stade du miroir ».

Pour qualifier le monde virtuel d'un mot, je reprendrai le terme lancé en 1984 par William Gibson dans son roman *Neuromancer*, le *Cyberspace*. Comment Gibson définit-il le *Cyberspace*?

Dans le roman, il parle d'un branchement sur une platine qui « projetait sa conscience désincarnée (*disembodied*) au sein de l'hallucination consensuelle qu'était la matrice[1] ». Et il décrit ainsi le voyage qu'il entreprend sur l'écran :

> Retour au bercail : la Conurb, l'Amab, l'Axe métropolitain Atlanta-Boston.
> Programmez une carte pour représenter la fréquence des échanges de données, un seul pixel par milliers de mégabytes sur un écran géant. Manhattan et Atlanta y brillent d'un blanc éblouissant. Puis elles se mettent à

1. William Gibson, *Neuromancien*, trad. par Jean Bonnefoy, J'ai lu, Paris, 1995, p. 8.

palpiter, au risque que le rythme du trafic surcharge votre simulation. Votre carte est en passe de se transformer en nova. On se calme. On diminue l'échelle. Un pixel par million de mégabytes, on commence à discerner certains pâtés de maisons dans le centre de Manhattan, les contours des zones industrielles vieilles d'un siècle concernant le noyau historique d'Atlanta[2].

Case, le héros de Gibson, n'a que mépris pour son corps qu'il appelle « la viande » et non la chair. Il s'agit d'un *Misfit* déglingué dans le réel qui ne se sent vraiment revivre que dans ce monde « autre », ce tiers-lieu, ce hors-lieu qu'est l'écran et son interface avec ce qui s'y passe, une alternative à toutes les identités conventionnelles par un décentrement rendu possible grâce à un nouveau rapport entre l'homme et la machine, pour ne rien dire ici des fantasmes machiniques de Donna Haraway. Dans ses manifestes[3], il s'agit d'un rêve d'hybride « femme-machine », d'un manifeste de libération de la division et de la hiérarchie des sexes et de traversée des frontières. Il s'agit d'un mythe positif, progressiste insistant sur le bien-fondé de l'hybridité dans tous les domaines aujourd'hui. Avec beaucoup d'ironie et de distanciation, Haraway développe ou invente un genre mi-théorique, mi-fictionnel. Qu'est ce qu'un Cyborg? « Un organisme cybernétique, un hybride de machine et d'organisme, une créature qui a à la fois une réalité sociale et une vérité de fiction[4]. » Le Cyborg, qui est devenu un nom commun pour désigner toutes les créatures qui se meuvent dans le *Cyberspace* est un « entre-deux » qui relève à la fois de la nature, de l'espèce humaine et du construit, de l'artificiel, de la prothèse ou de la machine intelligente. Elle n'a pas de sexe ou tous les sexes, elle se reproduit toute seule. Elle n'a pas d'origine. On voit à l'œuvre, dans le Cyborg, tous les fantasmes du recul des limites, des frontières[5], surtout celles qui nous définissent en tant qu'humain : matière organique périssable, sexuation, reproduction sexuelle, rapport à l'altérité. Mais le Cyborg aura aussi son langage :

> L'écriture est de façon prééminente la technologie des Cyborgs, surfaces gravées de la fin du XXe siècle. La politique cyborg est la lutte pour le langage et la lutte contre la communication parfaite, contre le code uni-

2. *Ibid.*, p. 53.
3. Donna Haraway, *Simians, Cyborgs and Women, The Reinvention of Nature*, New York, Routledge, 1991. Il s'agit de la reprise et du développement d'un manifeste de 1981, réélaboré en 1985 : « A Manifesto for Cyborgs. Science, Technology and Socialist Feminism in the 1980s », *Socialist Review*, vol. XV, n° 80, p. 65-108.
4. Donna Haraway, *loc. cit.*, p. 65, ma traduction.
5. On trouvera de plus longs développements sur ce sujet dans : Régine Robin, *Le Golem de l'écriture. De l'autofiction au Cybersoi*, Montréal, XYZ, 1998.

que qui traduit tout à la perfection, le dogme central du phallocentrisme. C'est pourquoi le Cyborg insiste sur le bruit, la pollution, se réjouissant de cette fusion illégitime[6]...

Le Cyborg va bousculer toutes les données qui sont les nôtres et Haraway oppose terme à terme l'univers de la domination à la sensibilité cyborg :

représentation / simulation ;
roman traditionnel / science-fiction ;
organisme / composé biotique ;
profondeur / surface ;
spécialisation des rôles sexuels / stratégies ;
public / privé / cyborg ;
sexuation / fabrication génétique ;
reproduction / réplication ;
famille / femmes dans le circuit intégré.

Il ne faut pas prendre à la lettre cet univers de science-fiction, mi-réel, mi-fictionnel, mais Haraway s'en sert pour développer un discours critique féministe. « Revenant à son féminisme cyborgien, Haraway conclut alors que seule la femme est douée pour être ce composé hybride, cette mosaïque de chimères et de réalités, logée dans la confusion des frontières. *No man's land* (au sens propre), c'est la femme qui échappe au lourd appareil de pouvoir, par sa pratique quotidienne de l'à-peu-près et de la perversité ; elle accomplit le travail de sape qui culminerait dans un Cyborg politique, c'est elle qui est l'animal humain machiné et machinant, le seul absolument postmoderne[7]. »

I) Nouvelles formes de l'écrit

De véritables expériences langagières ont lieu sur le Web dans le cadre de certains forums de discussion où l'usager peut intervenir et interagir avec d'autres.

Les *MOOs* (*Multi-Users Dimensions Objects-Oriented*) sont des environnements sociaux où les gens se rencontrent « virtuellement » pour discuter et interagir. Ces communautés virtuelles se construisent autour de participants réunis par un centre d'intérêt commun. Les participants à ces environnements peuvent, du reste, monter dans la hiérarchie de la société et même programmer des sections de l'univers.

6. Donna Haraway, *op. cit.*, p. 176.
7. Lucien Sfez, *La santé parfaite*, Paris, Seuil, 1995, p. 284.

Voici le texte de la présentation des *MOOs* que fait Martine Gingras dans sa page personnelle :

Mondes virtuels… sans doute l'expression vous donne-t-elle à imaginer toute une panoplie d'objets techniques clinquants, vaguement futuristes, allant des casques de réalités virtuelles aux *Data Gloves*. Mieux, vous vous imaginez déjà dans l'Holodeck de la série Star Trek, qui permet à l'équipage de l'*Enterprise* de se balader dans des réalités holographiques tout à fait tangibles. Je mets tout de suite un terme à votre rêverie (ou à votre angoisse ?) : les mondes virtuels dont il est question ici se trouvent sur Internet, et sont assez loin de ceux dans lesquels on voit s'engouffrer l'équipage de l'*Enterprise* et autres personnages de science-fiction ces dernières années. Car au-delà du fétichisme technologique dont on l'affuble, le virtuel, c'est avant tout du potentiel… Ainsi, il existe bel et bien, sur le réseau informatique mondial, des réalités virtuelles… Mais textuelles ! Ce sont des *MUDs* (*Multi-users dongeons and dragons*). Les premiers à avoir vu le jour s'inspirent des fameux jeux de rôles dont ils reprennent le nom… Les *MOOs* s'apparentent aux *MUDs*, mais leur programmation est *orientée objet*, c'est-à-dire qu'à partir d'un objet «parent», on peut programmer de nouveaux objets, au lieu de tout programmer à partir de zéro. Ce type de programmation rend les *MOOs* propices au développement de communautés virtuelles en constante expansion, réunies autour d'un centre d'intérêt plus ou moins large, où chaque joueur peut facilement construire ses quartiers, programmer des objets et interagir[8]…

Le *Cyberspace* oblige à un nouvel examen de notre moi, des relations aux autres, à la communauté, à la citoyenneté, au sexe, au genre. Il oblige aussi à repenser les frontières, toutes les frontières. Le *Cyberspace* oblige à penser l'identité comme fluide. Une identité vue à travers les fenêtres diverses que propose l'ordinateur.

Les environnements *MOOs* en particulier transforment l'expérience du langage soumis à la nature interactive du médium. Ils produisent de nouvelles formes langagières, une nouvelle textualité car ces nouvelles conversations se font toutes sur l'écran et ne sont que de *l'écrit*. Il ne s'agit pas de l'oral, ni de l'oral transposé à l'écrit mais d'une forme d'écriture qui est soumise à la pression de l'oralité par la situation d'énonciation du direct, du *on line*. De là, dans le *e-mail* et ailleurs, ces fautes typographiques laissées, ce recours à des acronymes pour gagner du temps. Pourtant le participant au *MOO* peut s'éloigner quelques

---

8. Page Web personnelle de Martine Gingras : <http://www.citeweb.net/tour/> Citons également son mémoire de maîtrise en communication déposé en 1996 à l'Université du Québec à Montréal, très novateur : *Le Cyborg, sa langue, sa loi, son territoire : promenade ethnographique dans les environnements textuels multi-utilisateurs.* Ces pages doivent beaucoup à ce travail tout à fait exceptionnel.

instants, ouvrir une autre fenêtre sur son écran, relire ce qu'il vient d'écrire avant d'envoyer son message. C'est du direct semi-contrôlé. Il n'y a pas que la langue d'usage qui est mise en œuvre. Tout un réseau de signes iconiques est utilisé, dont les *emoticons*, ou *smileys* en symboles ASCII, censés mimer les signes de l'émotion, *off line*. L'usager enfin doit pouvoir jouer de touches de programmation, des touches de commande de type « elle dit ». En parlant de soi, ainsi à la troisième personne, il se met en scène parfois dans des *pseudonymités* très histrioniques. On a parfois l'impression d'un vrai théâtre[9]. Descriptions, narrations se succèdent en capsules. Faisant état de l'utilisation du langage de programmation, Martine Gingras écrit, à propos d'une de ses expérience sur les *MOOs* :

Ainsi, en inscrivant simplement :
ah
La phrase suivante apparaîtra à l'écran de toutes les personnes présentes dans la même pièce que notre personnage *Victorine,* qui est munie de la caractéristique eMOOtion :
« Victorine s'exclame "Ah ! Maintenant je comprends !" »

Tout un langage de programmation préformé guide les utilisateurs qui, en choisissant ces codes de « caractéristiques » accepent ainsi tacitement que des programmeurs *MOOs* investissent leurs interactions d'une signification qu'ils ont prédéterminée. « En relisant certaines discussions que nous avions eues avec plusieurs personnages, force nous a d'ailleurs été de constater que presque la moitié des interventions étaient en fait générées automatiquement par le recours aux caractéristiques[10]. » C'est dire que nous sommes bien dans le cadre d'un langage hybride combinant la langue d'usage transformée, la langue iconique et le langage de programmation. C'est bien sur ce phénomène qu'insiste Martine Gingras dans son travail. Aux identités hybrides correspond un langage que la symbiose être humain / machine a déjà transformé.

Une autre expérience déroutante est celle où le personnage qui en rencontre un autre tarde à s'apercevoir qu'il se trouve en présence non

---

9. Brenda Danet de l'Université hébraïque de Jérusalem a étudié une expérience « théâtrale » interactive sur le Web, celle de Stuart Harris. Elle insiste beaucoup sur l'aspect parodique, carnavalesque, histrionique de la production langagière dans les *IRC* (*Internet Relay Chat*), même quand il est question du *Hamlet* de Shakespeare. Pour elle, l'écriture de la culture digitale fait penser à l'art du marionnettiste à travers les mots. On trouvera son étude « Play Performance in Computer Mediated Communication » sur le site suivant : <http://jcmc.huji.ac.il/vol1/issue2/vol1no2.html>.

10. Martine Gingras, *op. cit.*, p. 59.

pas d'un autre personnage mais d'un «bot», d'une créature de pure programmation qui peut ruser, dialoguer, faire comme si. Certains robots passent d'une pièce à l'autre, dans les *MOOs* prêts à engager la conversation au moindre mot reconnu dans une phrase envoyée par les personnages qu'ils auront croisés. Ce sont des leurres informatiques, des petits programmes d'intelligence artificielle qu'on rencontre çà et là dans nos navigations sur le Web et qui se présentent comme de vrais êtres humains, avec une identité, une personnalité bien à eux, et vous ne vous apercevez pas (ou pas tout de suite) que vous avez affaire à un bot, tant le langage de programmation qui le constitue, si élémentaire soit-il, peut simuler une conversation ambiguë, avec son comptant de malentendus. Il y a même l'histoire célèbre de Barry, l'amoureux de *Julia*, le bot le plus célèbre du réseau, tentant désespérément de la séduire. Cela donne le célèbre petit dialogue suivant :

BARRY : Oh! Julia, ma petite chérie, tu es là?
JULIA : Salut Barry.
BARRY : J'aime ton nom. Il est sexy.
JULIA : Moi aussi.
BARRY : Qu'est-ce que tu fais?
JULIA : Oh, je me promène seulement dans la chambre des Cœurs, Barry.
BARRY : Viens plutôt dans ma chambre à moi.
JULIA : Tu pourrais répéter ça, ça a disparu de mon écran.
BARRY : Est-ce que tu es vierge?
JULIA : Pour ce qui te concerne, Barry, je le serai toujours.
BARRY : Es-tu bien réelle, Julia, ou n'es-tu qu'un bot?
JULIA : Je suis aussi réelle que toi-même, Barry[11].

À un certain moment de la conversation, Barry doute, mais par la suite Julia lui parle de ses humeurs, de ses menstruations, alors il «embarque», il devient amoureux. Mais Julia n'est qu'un leurre, un petit programme, du langage, peut-être une langue nouvelle.

Comment ne pas évoquer le plus grand des auteurs de science-fiction, Philip Dick, et son célèbre roman porté à l'écran sous le titre de *Blade Runner* par Ridley Scott en 1983. Un homme est chargé de repérer et de tuer des androïdes, des «*replicants*» qui ne sont pas des êtres humains mais des simulacres d'êtres humains. Parmi les critères de différenciation, la mémoire et le sentiment de l'identité et de la continuité de la personne sont essentiels. Il s'agit d'avoir une histoire, une mémoire, des souvenirs, d'avoir été engendré par un père et une mère, ce qui est

---

11. On trouvera des développements sur *Julia* dans les ouvrages de Janet H. Murray, *Hamlet on the Holodeck. The Future of Narrative in Cyberspace*, New York, The Free Press, 1997 et de Sherry Turkle, *Life on the Screen*, New York, Simon and Schuster, 1995.

le propre de l'espèce humaine, ce à quoi les « *replicants* » ne peuvent pas prétendre. Mais, dans le royaume de *Blade Runner* l'imposture porte précisément sur l'historicité des individus et sur leur mémoire. Rachel (une « *replicant* » qui ne veut pas l'être ou ne sait plus si elle l'est) montre au personnage principal chargé de détruire les « *replicants* » qui peuvent devenir une menace des photographies de ses parents. Elle se souvient, elle a une enfance et des souvenirs, un inconscient en quelque sorte. Ébranlé un moment, (il tombe amoureux d'elle), il se rendra compte de l'imposture. Il y a deux versions du film ; celle demandée par Hollywood à Ridley Scott : le héros tombe amoureux de Rachel et la sauve ; celle du metteur en scène avant la censure : le héros tue Rachel et accomplit sa mission. Dans le cas de Julia, celui dont on ne voit que la parole à l'écran est désincarné, il n'est plus qu'être de langage[12]. Il arrive aussi, comme le souligne Martine Gingras que, dans ces environnements, êtres humains et êtres artificiels intervertissent leurs rôles : les premiers deviennent des outils au service du système informatique, alors que les seconds se baladent et socialisent. L'emploi de personnages utilitaires, la présence de robots sociaux et le recours à la commande de parodie, qui permet notamment de faire intervenir des personnages qui n'existent pas, brouillent donc toutes les frontières, celles de la nature humaine, de l'imaginaire et de la création artificielle en symbiose avec la machine.

Fortement dialogique, ce nouveau langage est éclaté, hétérogène, parfois primitif, fortement hybride. Il a d'ailleurs tendance à quitter le monde des « branchés » pour envahir le quotidien, fournissant au discours social un nouvel idiolecte qui trouve sa place parmi les idiolectes foisonnants de notre époque : langage des banlieues, verlan, parler jeune, sauf qu'on a affaire à un renouvellement de l'écrit issu de la symbiose cyborg (homme / machine). Il lui reste à faire son entrée dans la littérature (en dehors de la science-fiction), à moins que son caractère éminemment transgressif lui interdise les chemins de la légitimité.

L'environnement informatique crée un univers de fictionnalisation du quotidien : personnages imaginaires, pseudonymie généralisée, expérimentations autofictionnelles même élémentaires sur les pages personnelles, jeux de rôle, dialogues théâtralisés, voire histrioniques, grotesques dans certains environnements, rencontre avec des robots

---

12. D'autres bots célèbres ont défrayé la chronique, comme *Eliza*, antérieure même à l'existence d'Internet. C'était un bot psychothérapeute qui avait le don de « calmer » ses patients, de leur redonner espoir. Aujourd'hui un logiciel spécial, *Depression 2*, l'a remplacée avec des effets parfois curieux.

dont les réparties font croire qu'ils sont des êtres humains, tout dans cet univers de la simulation tend vers une indifférenciation du vrai et du faux. Cela n'en fait pas un univers littéraire pour autant[13]. Mais est-ce si certain? On se souvient de l'assertion de Searle : « Toute littérature n'est pas de la fiction, toute fiction n'est pas littérature[14]. » À ce propos, Gérard Genette fait remarquer que Searle justifie la seconde proposition par d'étranges arguments : la plupart des bandes dessinées et des histoires drôles, dit Searle, sont bien des fictions mais elles ne sont en rien de la littérature. Certes, dit Genette, parce que la bande dessinée concerne autre chose que du langage. Mais Searle ajoute : « Les histoires de Sherlock Holmes sont évidemment des œuvres de fiction, mais c'est une affaire de jugement de savoir s'il convient de les considérer comme appartenant à la littérature anglaise[15]. » Qui ne voit le caractère de jugement de valeur arbitraire de tels propos!

En fait, dans Internet, les expérimentations langagières relèvent à la fois du registre pragmatique (de diction) : e-mail, groupes de discussion sur des thèmes précis en temps réel ou non, et des expérimentations langagières qui touchent au fictif, au ludique, à la mise en scène de soi ou à un autre régime mi-fictif et mi-réel comme dans les jeux électroniques. On peut noter également de véritables expérimentations qui visent à renouveler les formes de la fiction.

---

13. Avons-nous affaire par exemple à du dialogisme bakhtinien? C'est ce que sous-entend George P. Landow lorsqu'il met en œuvre la notion bakhtinienne de *multivocalité* à propos de l'hypertexte (voir plus loin). Il fait sienne l'idée que le roman ne s'écrit pas dans la totalité d'une conscience unique qui absorberait ce qui lui vient de l'extérieur, mais comme une entité constituée par l'interaction de multiples consciences qui ne devient jamais un « objet » pour la conscience de l'autre. Un des sites auquel il renvoie s'intitule « Hypertext and Multivocality ». Dans un livre récent, il dit : « En essayant d'imaginer l'expérience de lecture et d'écriture avec (ou dans) cette nouvelle forme de texte, on aurait intérêt à relire ce que Bakhtine a écrit à propos du roman dialogique, polyphonique, multivocal dont il dit qu'il est "construit non pas sur une seule conscience qui constitue un tout en elle-même, absorbant les autres consciences comme des objets, mais comme un ensemble formé par l'interaction de plusieurs consciences, dont aucune ne devient entièrement un objet pour l'autre". La description que fait Bakhtine de la forme littéraire polyphonique présente le roman dostoïevskien comme une fiction hypertextuelle dans laquelle les voix individuelles prennent la forme de lexies… L'hypertexte ne permet pas à une voix univocale, tyrannique de prévaloir. La voix est bien plutôt la résultante de l'expérience multiple à un moment donné… »

Dès qu'on cherche le rapport entre l'hypertexte et Bakhtine, de nombreux sites se présentent, en particulier ceux de G. Landow de l'Université Brown et toute l'équipe du logiciel littéraire *StorySpace* de Eastgate Systems qui aide les écrivains à construire des hypertextes de fiction.

14. John Searle, « Le statut logique du discours de la fiction », *Sens et expression*, Paris, Minuit, 1982. Cité dans Gérard Genette, *Fiction et diction*, Seuil, 1991, p. 41.

15. Cité dans *ibid.*, p. 42.

II) L'hypertexte de fiction

L'hypertexte s'inscrit dans un âge où la complexité, la multiplicité, l'hétérogène, la non-hiérarchie, la confusion, l'aléatoire, l'instabilité et la fragmentation règnent dans notre vie quotidienne, de même que dans la redéfinition de notre environnement et de nos identités.

Comment définir l'hypertexte ? « Il s'agit… d'un ensemble constitué de "documents" non hiérarchisés reliés entre eux par des "liens" que le lecteur peut activer et qui permettent un accès rapide à chacun des éléments constitutifs de l'ensemble[16]. »

Lecture non linéaire de documents, trajets horizontaux.

Notons dès l'abord que tout le mouvement moderniste et expérimental de la littérature a tendu vers la dislocation des formes traditionnelles, vers la discontinuité, la fragmentation, la ruine du sens, la dé-linéarité. Ce mouvement de l'hypermodernité et de la postmodernité nous est familier. Les possibilités de la machine n'ont fait que généraliser ce mouvement à la fois dans le quotidien de notre environnement et dans les *possibilités littéraires*.

Dans « Le jardin aux sentiers qui bifurquent », Jorge Luis Borges imagine un livre infini. Son auteur est mort en laissant une montagne de brouillons contradictoires impossibles à ordonner. Il laisse aussi cette phrase énigmatique : « Je laisse aux nombreux avenirs (non à tous) mon jardin aux sentiers qui bifurquent. » Le narrateur tente d'expliquer cette phrase et de trouver un sens à l'hétérogénéité des brouillons :

> Dans toutes les fictions, chaque fois que diverses possibilités se présentent, l'homme en adopte une et élimine les autres ; dans la fiction du presque inextricable Ts'ui Pên, il les adopte toutes simultanément. Il *crée* ainsi divers avenirs, divers temps qui prolifèrent aussi et bifurquent. De là, les contradictions du roman. Fang, disons, détient un secret ; un inconnu frappe à sa porte ; Fang décide de le tuer. Naturellement, il y a plusieurs dénouements possibles : Fang peut tuer l'intrus, l'intrus peut tuer Fang, tous deux peuvent être saufs, tous deux peuvent mourir et cætera. Dans l'ouvrage de Ts'ui Pên, tous les dénouements se produisent ; chacun est le point de départ d'autres bifurcations. Parfois, les sentiers de ce labyrinthe convergent : par exemple, vous arrivez chez moi, mais, dans l'un des passés possibles, vous êtes mon ennemi ; dans un autre mon ami[17].

---

16. Jean Clément « L'hypertexte de fiction : naissance d'un nouveau genre », *Bibliothèque virtuelle Alexandrie*, <http://hypermedia.univ-paris8.fr/jean/articles/alle.htm>. Nous devons beaucoup à ce remarquable article.

17. Jorge Luis Borges, « Le jardin aux sentiers qui bifurquent », *Fictions*, Gallimard, « Folio », p. 100-101.

Le narrateur explique que l'auteur des brouillons suggérait l'image de la bifurcation du temps. Alors que dans les fictions traditionnelles, une fois que le choix est fait, qu'une solution a été acceptée, toutes les autres ont été écartées, chez l'auteur, toutes les solutions sont adoptées simultanément.

Dans un ouvrage consacré au cinéma, Gilles Deleuze avait fait le rapprochement entre Borges et Leibniz[18]. Le philosophe allemand Leibniz dit qu'une certaine bataille navale peut avoir lieu ou ne pas avoir lieu, mais que ce n'est pas dans le même monde : elle a lieu dans un monde, n'a pas lieu dans un autre monde, et ces deux mondes sont possibles, mais ne sont pas « compossibles » entre eux. Gilles Deleuze ajoute en note :

> Dans la Théodicée 414-416, dans ce texte étonnant, qui nous semble une source de toute la littérature moderne, Leibniz présente les « futurs contingents » comme autant d'appartements qui composent une pyramide de cristal. Dans un appartement, Sextus ne va pas à Rome, et cultive son jardin à Corinthe ; dans un autre, il sera roi en Thrace ; mais dans un autre, il va à Rome et prend le pouvoir... On remarquera que ce texte se présente sous une narration très complexe, inextricable, bien qu'il prétende sauver la vérité : c'est d'abord un dialogue de Valla avec Antoine, où s'insère un autre dialogue de Sextus et l'oracle d'Apollon, puis auquel succède un troisième dialogue, Sextus-Jupiter, qui fait place à l'entrevue Théodore-Pallas, à l'issue de laquelle Théodore se réveille[19].

Il doit donc forger la belle notion

« *d'incompossibilité* » (très différente de la contradiction) pour résoudre le paradoxe en sauvant la vérité : selon lui, ce n'est pas l'impossible, c'est seulement l'incompossible qui procède du possible ; et le passé peut être vrai sans être nécessairement vrai. Mais la crise de la vérité connaît ainsi une pause plutôt qu'une solution. Car rien ne nous empêchera d'affirmer que les incompossibles appartiennent au même monde, que les mondes incompossibles appartiennent au même univers... C'est la réponse de Borges à Leibniz : la ligne droite comme force du temps, comme labyrinthe du temps, est aussi la ligne qui bifurque et ne cesse de bifurquer, passant des *présents incompossibles*, revenant sur des *passés non nécessairement vrais*[20].

Il n'est pas facile d'imaginer la forme que pourrait prendre cette multiplicité de solutions, cette simultanéité de temporalités différentes. La littérature moderniste a pourtant tenté l'expérience de multiples façons.

18. Gilles Deleuze, *L'image-temps. Cinéma 2*, Paris, Minuit, 1985 ; plus particulièrement, le chapitre 6, « Les puissances du faux », p. 165-202.
19. *Ibid.*, p. 171.
20. *Ibid.*, p. 171.

Composition n° 1 de Marc Saporta est un texte de 150 pages non reliées, qui ne se présente donc pas comme un livre. Les pages sont contenues dans une chemise. Il s'agit de 150 fragments autonomes. Le lecteur est devant une combinatoire quasi infinie. Dans sa préface, M. Saporta dit que

> le lecteur est prié de battre ces pages comme un jeu de cartes. De couper, s'il le désire, de la main gauche, comme chez une cartomancienne. L'ordre dans lequel les feuillets sortiront du jeu orientera le destin de X. La formule mathématique qui donne le nombre de lectures différentes étant 150, il est évident que le lecteur n'épuisera pas le nombre de combinaisons possibles.

Dans *Le grand incendie de Londres* et dans *La boucle*, Jacques Roubaud essaie de rendre compte du processus de la création, du livre de souvenirs en train de s'écrire, avec sa trame narrative, le récit, le métadiscours sur le fonctionnement réversible de la mémoire et les ajouts ou modifications qui viennent perturber la trame du récit. Il s'agit des insertions ou incises et des bifurcations que prend le récit. Mais comment faire figurer dans la linéarité du texte qui a pour support le papier, dans un livre constitué de paragraphes, de pages, dans un livre broché, ces allers et retours de la pensée? Par des marques typographiques, des démarcations, la numérotation des paragraphes : « Tout au long de la composition "écranique" de cette **branche**, et jusqu'à aujourd'hui, j'ai eu en tête la nécessité de cette **bifurcation**, à laquelle je donnais pour mission "théorique", en son **moment** unique, de rassembler les éléments utiles à l'économie générale de mon entreprise, les **images-mémoire** qui m'ont accompagné dans ce récit (il ne s'agissait pas des images elles-mêmes, bien sûr, mais de "pictions" de ces images, disposées en une succession descriptive) et de les mettre en parallèle avec les **assertions du chapitre 5 de la première branche**, qui constituent une déduction fictive que *Le grand incendie de Londres*, entre autres choses, se trouve toujours en train de continuer à raconter[21]… »

Jacques Roubaud utilise l'image de l'écran pour expliciter son dispositif, au plus près de l'hypertexte comme si les expérimentations littéraires les plus modernistes venaient se heurter aux apports, possibilités, dangers, appels de l'électronique, d'Internet, du Web, de la révolution technologique dans laquelle nous sommes immergés. L'hypertexte demande à la fois de nouvelles compétences de la part du lecteur qui doit pouvoir « naviguer » à travers les éléments de l'ensemble et de la

---

21. Jacques Roubaud, *La boucle*, Paris, Seuil, 1993, p. 508.

part de l'écrivain qui doit organiser le réseau complexe des liens potentiels, des chemins à prendre ou à laisser dans l'œuvre ainsi constituée.
Ce nouveau type de mise en texte rompt avec la logique du livre à
laquelle nous sommes habitués. Il défait l'aspect linéaire et syntagmati-
que de son organisation, au-delà de la complexité temporelle inscrite
dans l'œuvre. On peut à présent «sauter» à travers une multiplicité de
liens, lire transversalement et non verticalement, sortir des éléments
constitutifs de l'hypertexte de fiction si des liens m'invitent à le faire.
Ce nouveau type d'hyperfiction permet toutes les combinaisons de la
dispersion, de la dissémination et du décentrement. Nathalie Ferrand
l'explique ainsi, tout en prenant comme exemple une œuvre littéraire
d'un auteur de l'OuLiPo, il est vrai : «Imaginons par exemple un lecteur qui, parcourant *La vie mode d'emploi* de Perec, pourrait suivre les
chemins hors-texte "ménagés" par l'auteur, examiner un tableau de
Paul Klee (Préambule), se rapporter aux *Oiseaux* d'Hitchcock (IV, 75),
écouter l'extrait musical cité de l'*Orlando* d'Arconati (I, 6) etc.[22].»

Des logiciels nouveaux permettent aux écrivains de multiplier les
connexions. Le plus connu est *Storyspace* de Eastgate Systems. Il «organise» les lectures potentielles en conseillant au lecteur de commencer
par telle ou telle entrée. Il met en place des *balises (guard fields)*.

En général, l'hypertexte n'est pas simplement un agencement de
fragments dont la combinatoire serait totalement aléatoire. L'auteur y
ménage des liens, chemins potentiels que le lecteur doit trouver et suivre pour avoir accès à la suite de la «narration». Il ne s'agit donc pas
seulement de liens intertextuels ou métanarratifs, mais de dispositifs
que seuls le logiciel, la combinaison homme-machine, le Cyborg peuvent générer. Ainsi, *Afternoon* de Michael Joyce se compose de 539 pages-
écrans reliées par 950 liens (dispositif informatique qui fait passer d'un
espace-texte à un autre). Il est impossible de lire à la suite ces 539 pages.
Ce serait fastidieux de toute façon, mais c'est impossible parce que
l'auteur l'a voulu ainsi. Si l'on se contentait de lire de façon séquentielle les pages-écrans, à un moment donné, on ne pourrait pas aller
plus loin. Le lecteur, pour se déplacer dans l'histoire doit à certains
moments répondre par oui ou par non à des questions, ce qui lui permet d'emprunter de nouveaux parcours dans l'espace-texte. Il peut
aussi cliquer sur certains mots pour se déplacer dans le texte, mais ces
mots ne sont pas en surbrillance, il faut que le lecteur les devine.

---

22. Nathalie Ferrand, «Les bibliothèques virtuelles», *Magazine littéraire,* n° 349, décembre 1996, p. 39.

D'ailleurs, la suite de l'histoire dépendra pour ce lecteur du chemin parcouru. Elle ne sera pas la même pour tout le monde. Il s'agit d'un récit « borgésien », proprement labyrinthique, en perpétuelle métamorphose et recomposition sans véritable début ni fin. L'auteur le dit d'emblée : « Dans toute fiction, la clôture est une qualité suspecte, mais ici c'est encore plus manifeste. Quand l'histoire ne progresse plus, ou quand elle tourne en rond ou quand vous êtes fatigués de suivre les chemins, l'expérience de sa lecture est terminée[23]. »

Il y a en effet vingt débuts possibles, vingt façons d'entrer dans le dispositif textuel. Il est impossible de connaître le tout de l'histoire, la totalité des possibilités, la totalité des cheminements. Mais le lecteur est sans cesse actif, à l'affût. Il construit en quelque sorte son propre texte, ses propres parcours. Dans le cas d'*Afternoon*, Michael Joyce a repris son texte de 1986 à 1992, l'a modifié constamment. Le médium accentue la pression de l'œuvre ouverte, toujours à reprendre et toujours reprise.

L'histoire que raconte *Afternoon* est celle d'un homme qui cherche à savoir si, après un accident de voiture qu'il a aperçu le matin en se rendant à son travail, les victimes en question sont bien son fils et son ex-femme. Chaque fragment est autonome mais participe aussi à l'ensemble. Jean Clément fait remarquer que dans *Afternoon* « chaque fragment est déconnecté de la temporalité du récit. Il fonctionne lui aussi comme "pur moment". Son insertion métonymique dans le récit doit donc être prise en charge par le lecteur pour lequel la structure hypertextuelle joue le rôle de la métaphore interprétante. C'est à ce prix seulement que le fragment peut devenir "passage"[24]. »

Comment, en effet ne pas être actif, interactif, pleinement « auteur associé » en face de l'exemple suivant, autre hypertexte de fiction canonique : *Uncle Buddy's Phantom* de John McNaid. De quoi s'agit-il ? D'un hypertexte de fiction présentant tous les biens de Arthur Newkirk. Le lecteur hérite de sa fortune. On ne sait pas s'il est toujours vivant ou non, il a disparu en laissant un ensemble de souvenirs dont des cahiers, des dessins, des photos, du courrier électronique, des vidéoclips, des bandes

---

23. Christopher Keep, « Perdu dans le labyrinthe : réévaluer le corps en théorie et en pratique d'hypertexte », dans « The Electronic Labyrinth », (<http://web.uvic.ca/~ckeep/elab.html>).

24. Voir Jean Clément, *Afternoon. A Story : du narratif au poétique dans l'œuvre hypertextuelle*. On peut trouver les articles fondamentaux de Jean Clément sur le site suivant : <http://hypermedia.univ-paris8.fr/> qui renvoie au groupe de travail « Écritures hypertextuelles » de l'Université de Paris-8. D'une façon générale, mon article est très inspiré par les travaux de Jean Clément, véritable pionnier en ce domaine.

dessinées, un jeu de cartes, des scénarios, etc. Roman multimédia, il est composé d'une douzaine de rayons et de cassettes. Christopher Keep, commentant cette énorme construction dit :

> Ici, « le corps » est littéralement morcelé : cassé en petits morceaux, éparpillé à travers le texte, l'agglomération matérielle des signes qui, auparavant, constituaient le corps d'Arthur Newkirk sans la cohérence qu'aurait pu assurer la présence de « l'auteur ». Face à cet assaut à sa propre totalité, le lecteur se trouve confronté au défi : rassembler cette masse de signifiants, de signifiés et leur référent unique, c'est-à-dire la totalité à laquelle ils doivent leur existence[25].

On a l'impression, dans un premier temps, qu'on va finir par capter l'ensemble des données et par saisir le personnage disparu, pas tout à fait à la manière d'un roman réaliste mais presque. Mais c'est peine perdue, car la structure labyrinthique du roman hypertextuel perd le lecteur. On ne peut jamais venir à bout de la collection laissée par Newkirk. Le lecteur « sans place » est constamment désorienté sauf si l'on accepte cette capture, une navigation par dérivation, par association d'idées, à la manière de l'exigence première de la psychanalyse, ou du rêve ou des expériences surréalistes.

Non-linéarité, fragmentation, discontinuité, effets d'indétermination, interactivité, nouveau rôle du lecteur, l'hypertexte de fiction transforme également le rôle de l'auteur dans un rapport symbiotique avec la programmation.

Peut-on imaginer l'informatique comme nouveau dispositif de littérarisation ? On peut imaginer générer des textes de fiction selon des thèmes, générer des pages consacrées à ces thèmes et des séquences avec des liens et des articulations. Tout cela reste virtuel sauf quand le lecteur décide de commencer en un point, de continuer dans un parcours mais il pourrait y en avoir d'autres. Comme l'ensemble est généré par l'ordinateur, le lecteur ne repasse pas deux fois par le même point. Sa lecture est toujours autre. Comme le dit Jean-Pierre Balpe :

> … L'inventio auctoris ne peut plus être invoquée, du moins au niveau de la matérialité du texte puisque l'auteur du programme qui écrit le texte est dans l'incapacité de prévoir quel texte terminal peut être généré et ceci aussi bien au niveau final de l'écriture des phrases elles-mêmes qu'au

---

25. Christopher Keep, *loc. cit.* On trouvera un compte rendu intéressant de ce roman hypertextuel dans Robert Coover, « Hyperfiction : Novels for the Computer », *New York Times Book Review*, 29 août 1993, p. 1-12. On trouvera en outre une présentation de ces nouvelles formes de textualisation dans le site Web suivant : <http://Oliva.modlang. denison.edu/maurizio/pmcl/>, consacré à « Internet Textuality. Toward Interactive Multilinear Narrative ».

niveau supérieur des articulations de pages, de chapitres, de séquences. [...]
L'*intentio lectoris* n'a plus à retrouver les indices de l'*intentio auctoris*, mais
se contente, d'une part, d'accepter que le texte lui parle et, d'autre part, de
construire par ses actes un sous-ensemble particulier d'un roman général.
Elle en acquiert une liberté réelle[26]...

On le voit, la « mise en littérature » devient tout autre car l'auteur ne
conçoit que des virtualités de textes, planifiant des scénarios, des parcours, des conditions, des fonctionnements. Le résultat sera forcément
une destruction des frontières de genres, une « indéfinition » dans la
métamorphose perpétuelle. Tout s'y trouve bouleversé. Non seulement le rapport à l'espace (l'espace-écran remplaçant la page papier),
le statut de l'auteur, celui du lecteur, l'activité d'écriture et de lecture,
les effets institutionnels (si l'auteur traditionnel disparaît, que devient
le champ littéraire et l'aura de l'auteur?) mais aussi, le rapport au
temps, à la permanence et à la fixation de l'œuvre. Proche de la performance, le temps réel du texte est son instantanéité, son éparpillement,
sa dispersion :

Texte inépuisable, le texte informatique perturbe son lecteur par l'affirmation ostentatoire d'un trop plein de mondes possibles. En ce sens il le
déstabilise en mettant à nu le mensonge fondateur de la littérature auquel
il est plus simple de croire : considérer généralement même si cette fiction
commode ne joue aucun rôle dans la lecture qu'à l'origine de tout texte se
trouve « un écrivain ». Que cet « écrivain » écrit. Et que, par l'intermédiaire
d'un instrument quelconque, il n'aligne des mots définis que pour produire
le sens particulier d'une expérience unique et transmettre dans toute
l'intégrité de son originalité à un lecteur, qui par la lecture la fait sienne[27]...

III) Ma page Web : *Home Page* Papiers perdus

À la fin de mon livre *Le Golem de l'écriture. De l'autofiction au Cybersoi*[28],
j'annonçais que j'allais me construire une page Web hypertextuelle expérimentale.

En voici la présentation :

Vous me voyez au fond de mon bureau, presque dissimulée au milieu
de mes livres. Oui, c'est mon bureau et il y a là tout ce que vous devez
savoir. Je vous le fais visiter. Au premier plan, ma table sur laquelle il

26. Jean-Pierre Balpe, « Un roman achevé. Dispositifs », *Littérature*, n° 96, 1994, p. 52-53.
27. Jean-Pierre Balpe, « Pour une littérature informatique. Un manifeste... », texte obtenu en cliquant Balpe, Jean-Pierre sur AltaVista.
28. Régine Robin, *op. cit.*

n'y a plus un centimètre de libre. Un cahier ouvert avec un stylo, c'est à peu près le seul endroit où l'on puisse écrire. De part et d'autre des piles de dossiers et mon *journal*, ce grand cahier dont vous ne voyez pas qu'il est bleu et sur lequel je consigne tous les jours le temps qui passe, mes écrits, mes projets, mes esquisses de *scénarios*, mon mal de vivre ou mes joies. Il balise le temps, le piétinement de certains projets, la réalisation des articles ou des livres, mes voyages aussi. Ils sont nombreux. Mais je reviens tout le temps m'enfermer dans ce bureau. Vous voyez aussi émerger des agendas. Très importants les agendas. Je photocopie leur pages hebdomadaires ou quotidiennes et ma vie se met à s'animer. Vous avez celle des lundi 8 novembre et mardi 9 novembre 1993, me semble-t-il. Je suis à Paris, c'est évident. Je dois téléphoner à la chargée de presse des Presses universitaires de Vincennes pour les épreuves de mon livre *Le deuil de l'origine. Une langue en trop, la langue en moins.* J'ai aussi rendez-vous avec deux écrivains : Henry Raczymow et Jerome Charyn que je dois interviewer sur leur identité juive. Je vois que j'ai rendez-vous avec ma fille, avec des amis, avec ma psychanalyste, mon libraire et que j'ai une place pour voir un spectacle de chansons yiddish dans un cabaret de la rive gauche. Tout ceci en deux jours. Pas mal !

À gauche de l'image, perpendiculaire à la première table, une autre supportant l'ordinateur, genre IBM. Je ne suis pas très dans le vent. Ce n'est qu'un 486, avec un tout petit modem avec un CD-ROM qui ne marche pas. Mais, tel qu'il est, je ne saurais m'en passer. À gauche de l'ordinateur, le téléphone et la boîte du répondeur, puis, plus loin, sur un petit meuble, l'imprimante. Le long des étagères, en grand désordre, des bibelots parfois insignifiants, parfois pas. Vous pouvez voir un masque vénitien, une poupée mexicaine, vous ne pouvez pas deviner le morceau du mur de Berlin, etc., etc. À droite, la photo ne permet pas de voir l'ensemble des étagères dévolues aux auteurs d'Europe centrale : Kafka, tout Kafka, W. Benjamin, S. Freud, P. Celan et tout ce qui concerne l'identité juive et l'autobiographie. Je regarde par la fenêtre, juste en face. Elle donne sur une petite rue d'Outremont et de grands arbres. L'été et l'automne, c'est divin. Mon bureau, c'est mon habitacle, mon repli, mon refuge, l'endroit où je me récupère, où je me ramasse quand les coups sont trop durs, quand la solitude devient insupportable, quand j'ai besoin de me recueillir ou de réfléchir, quand je rédige, lis, prends des notes, c'est-à-dire pour le plus clair de mon existence, une vie dans les livres, dans l'écriture, dans la recherche et dans l'imaginaire. Mais rassurez-vous, j'ai un compagnon, mon époux depuis bientôt vingt ans et une fille de 33 ans qui vit à Paris et qui vient de mettre au monde une petite Rebecca. Je vois du monde tout de même, je donne mes cours à l'Université du Québec à Montréal et je voyage beaucoup tant pour mon travail que pour le plaisir. J'ai aussi une passion pour les journaux et les magazines. Je vais presque tous les jours voir le et la libraire d'Outremont pour chercher *Le Monde* et *Libération*, parfois *l'Observateur* et quelques revues concernant les ordinateurs et Internet : *Branchez-vous*, *Wired*, *Planet-Internet*, etc. Je vais souvent les lire dans les bistrots du quartier, que ce soit des restaurants ou des troquets. J'y passe beaucoup de temps à envoyer aux amis et connaissances des cartes postales ramenées de lointains voyages et que je n'ai pas envoyées faute de temps, de difficulté à trouver l'endroit où on achetait des timbres, ou oubli de mon carnet d'adresses tout simplement. J'aime aussi passer du temps dans Internet, par exemple sur le site de Martine Gingras.

Vous voyez bien que dans ce fouillis que je suis la seule à maîtriser, et encore, il est très difficile de se retrouver ? Ce site vous permettra peut-être de visiter la caverne d'Ali-Baba, de vous orienter dans le labyrinthe de mes œuvres complètes, de mes scénarios, voire de mes journaux ou de mes biographèmes.

Cette page se divise en deux branches. Une branche, Régine Robin, vous permettra de prendre connaissance de mon CV de professeur d'université, de mes champs de recherche, de l'ensemble de mes publications et parfois même du texte de certains de mes articles ou de chapitres de livres.

Il y aura aussi une chronique mensuelle concernant l'air du temps, la vie politique d'ici et d'ailleurs, mes lectures, etc.

Une seconde branche, Rivka A, vous donnera accès à une expérimentation autobiographique éclatée sur le Web. Vous vous trouvez devant cinq rubriques. Chacune des rubriques sera constituée de 52 fragments tous liés à du biographique, du social, des instantanés, des scénarios concernant mes deux lieux d'élection : Paris et Montréal ; sauf celle liée aux autobus qui, elle, ne comptera que 30 éléments. Lorsque le site sera constitué, vous vous trouverez en face de 52 fois 4 catégories, soit 208 fragments, plus 30 stations d'autobus, ce qui donne en tout 238 fragments (52, car je suis la structure de l'agenda, soit un fragment par semaine pour chaque catégorie). Ces 238 éléments seront à combiner sous forme de collage ou de narration.

La première rubrique renvoie à une construction autobiographique par fragments : bouts de souvenirs, parcours et pérégrinations à travers le monde, méditations sur l'origine, le déracinement. C'est mon double qui est au clavier, cette Rivka qu'il me faut apprendre à mieux connaître. La seconde rubrique renvoie à des bistrots. Il s'agit d'un texte à contraintes. J'ai imaginé pour mes bistrots parisiens le dispositif suivant. Il y aura 52 bistrots. Quand la technique le permettra, les entrées autobiographiques seront accompagnées des photographies de mes planches d'agenda. Je les ai transformées en « œuvres d'art », en *mail art*. Elles auront leur place dans cette rubrique.

Chaque bistrot devra être mentionné dans une phrase de forme infinitive qui en outre devra contenir des éléments autobiographiques et des extraits de chansons de Bob Dylan.

La troisième rubrique a trait à des citations ou envois, citations de mes auteurs préférés, extraits de livres ou de poèmes, glanés au fil du temps ; textes de cartes postales reçues ou envoyées, à travers mes voyages ou ceux de mes proches, ou bien le texte d'inconnus écrits au dos de cartes postales achetées dans les divers marchés aux puces de la planète. Il s'agit aussi d'envois postaux réels ou imaginaires ou de métatextes sur les citations, les envois, les cartes postales. Il y aura 52 envois.

La quatrième rubrique est un dispositif tout à fait original. L'expérimentation portant sur les contraintes suivantes : il s'agit de prendre la ligne d'autobus 91 de la gare Montparnasse à la Bastille. Il s'agit de descendre à toutes les stations. À la descente, je prends une photo avec mon Kodak APS, pas forcément en position Panorama. Parallèlement, je rédige un texte court (de quelques lignes à une page), pas forcément une légende de la photo, mais ce peut être aussi bien cela. J'indique l'heure pour la photo aussi bien que pour le texte. Je prends l'autobus suivant. Même opération. Il faut que mon texte soit rédigé avant l'arrivée du bus suivant. Les 91 sont très nombreux, ce qui rend l'exercice difficile. En fin de parcours, j'ai autant de photos que de stations en comptant les terminus et autant de petits textes. L'ensemble doit dessiner le profil parisien de la ligne. Je refais la même opération en été et en hiver, de façon à voir si je prends les mêmes photos (je ne me souviendrai pas à quelques mois de distance de celles que j'aurais prises auparavant), et surtout si je rédige le même genre de textes. Cela mesurera mon *ressassement*, mes obsessions, mes petits mots fétiches. Il y a quinze stations sur la ligne 91. Refaire le même dispositif en hiver et en été, cela fait 30 clichés et petits textes.

On aura reconnu le voisinage de ces opérations et de deux entreprises différentes. La première est celle de Jacques Jouet, dans « La guirlande de Paul[29] » :

J'écris de temps à autre des poèmes dans le métro. Ce poème en est un. Voulez-vous savoir ce qu'est un poème de métro ? Admettons que la réponse soit oui. Voici donc ce qu'est un poème de métro.

Un poème de métro est un poème composé dans le métro, pendant le temps d'un parcours.

Un poème de métro compte autant de vers que votre voyage compte de stations moins un.

Le premier vers est composé dans votre tête entre les deux premières stations de votre voyage (en comptant la station de départ).

Il est transcrit sur le papier quand la rame s'arrête à la station deux.

Le deuxième vers est composé dans votre tête entre les stations deux et trois de votre voyage.

Il est transcrit sur le papier quand la rame s'arrête à la station trois et ainsi de suite.

Il ne faut pas transcrire quand la rame est en marche.

Il ne faut pas composer quand la rame est arrêtée.

Le dernier vers du poème est transcrit sur le quai de votre dernière station.

Si votre voyage impose un ou plusieurs changements de lignes, le poème comporte deux strophes ou davantage.

Si par malchance la rame s'arrête entre deux stations, c'est toujours un moment délicat de l'écriture d'un poème de métro.

À noter que j'ai découvert le travail de Jacques Jouet bien après avoir commencé mes expériences autobussiennes.

Le second exemple est celui de l'entreprise abandonnée de Georges Perec : *Lieux*. Dans une lettre à Maurice Nadeau du 7 juillet 1969, Perec explique son entreprise. Il a choisi, à Paris, douze lieux, importants, lieux liés à des souvenirs, à des événements qui ont compté dans sa vie. Chaque mois, il va décrire deux de ces lieux. Une première fois, sur place, il décrit ce qu'il voit de la manière la plus neutre possible, la plus dénotée. Il énumère les magasins, des micro-événements, ce qui passe. Une deuxième fois, il écrit des souvenirs qui sont liés au lieu en question. Une fois chaque texte terminé, il est mis sous enveloppe, les adresses sont scellées à la cire. Elles portent les mentions suivantes : le lieu, la date, et la mention « réel » pour les descriptions, la mention « souvenir », pour l'évocation de ces lieux. L'expérience devait durer douze ans, de 1969 à 1980 :

29. « Bibliothèque oulipienne », n° 79, p. 12, cité par Bernard Magné, dans *Georges Perec. Poésie ininterrompue. Inventaire*, André Dimanche éditeur, p. 60-61.

J'ai commencé en janvier 1969; j'aurai fini en décembre 1980! j'ouvrirai alors les 288 enveloppes cachetées, je les relierai soigneusement, les recopierai, établirai les index nécessaires. Je n'ai pas une idée très claire du résultat final, mais je pense qu'on y verra tout à la fois le veillissement des lieux, le vieillissement de mon écriture, le vieillissement de mes souvenirs: le temps retrouvé se confond avec le temps perdu; le temps s'accroche à ce projet, en constitue la structure et la contrainte; le livre n'est plus la restitution d'un temps passé, mais mesure du temps qui s'écoule; le temps de l'écriture, qui était jusqu'à présent un temps mort, que l'on feignait d'ignorer ou qu'on ne restituait qu'arbitrairement (*L'emploi du temps*), qui restait toujours à côté du livre (même chez Proust), deviendra ici l'axe essentiel[30].

Mon projet n'est ni celui de Jacques Jouet, ni celui de Georges Perec, mais il s'inscrit dans cette famille de textes à contraintes, liés à la vie urbaine, à cette «poétique des transports urbains» que Bernard Magné évoque.

Il n'est pas possible pour le moment de présenter les photos qui seraient un peu lourdes à télécharger (cela viendra dans l'avenir). J'en ferai une installation dans une galerie sans doute…

La dernière rubrique est consacrée aux rues, plaques de rue, bouts d'imaginaires micro-urbains, aux parcours, à la poétique de la ville. Elle s'inspire largement des règles que l'association *Vinaigre* s'est données. C'est dans le cadre de cette rubrique qu'une expérimentation collective aura pour sujet Montréal.

Vous pouvez lire de façon continue toutes les boîtes de vie, les unes à la suite des autres, tous les bistrots, tous les arrêts d'autobus de la ligne 91 et par la suite toutes les lignes qui partent de Montparnasse, toutes les rues, toutes les entrées «Montréal», mais vous pouvez tout aussi bien passer de la boîte de vie n° 1 au 3ᵉ bistro, à la 5ᵉ citation etc., faire votre assemblage vous-même. Lorsque vous aurez choisi une combinaison, inventez un lien narratif en syntagmatisant les différents éléments. Indiquez-moi le type de combinaison que vous avez trouvé. On pourra ainsi inventer presque «cent mille milliards» de scénarios et de récits.

Il n'y a pas besoin d'être de l'OuLiPo pour aimer réaliser des textes à contraintes. On se donne une règle d'écriture et on essaie de s'y tenir. Vous trouverez des textes à contraintes dans la plupart de ces cinq catégories de fragments, aussi bien dans les textes sur les *bistrots* que dans le dispositif qui préside aux *Autobus*. Mais par-dessus tout, le secret de ces

30. Georges Perec, «Lettre à Maurice Nadeau», dans *Je suis né*, Paris, Seuil, 1990, p. 59-60.

pages, c'est l'amour des villes, des longues pérégrinations et déambula-
tions au cœur des cités, la nuit, le jour, dans la perte, le silence mais
aussi dans l'assourdissement heureux de quelques échos fraternels.
Soyez mes complices. (adresse du site : <**http://www.er.uqam.ca/
nobel/r24136**>)

Cette expérimentation voudrait être une expérience d'écriture de
fiction à base de fragments entrelacés évoquant mes biographèmes, au
sens que Roland Barthes a donné à ce terme, et d'évoquer à l'aide du
tissage de ces fragments les bribes de passé, les traces de ce qui fut, les
strates mémorielles qui se sont accumulées et qui ont été recouvertes
par d'autres traces plus récentes. Ce travail de fiction imite dans l'écriture les liens hypertextuels des expériences d'écriture électronique, des
pages personnelles sur le Web (expérience que je poursuis actuelle-
ment) et les installations des artistes concernés par l'espace urbain et la
poétique de la mémoire enfouie.

Depuis quelques années, mon écriture de fiction est centrée sur la
remise en valeur du fragment qui a été relégué au second plan, sub-
mergé par le roman comme genre canonique et l'évolution de la forme
romanesque.

Le fragment, dont l'importance a été théorisée par le romantisme
allemand, s'est souvent, par la suite, cantonné dans l'aphorisme, le pro-
verbe, le bon mot ou la vignette. Mais avec l'OuLiPo ou sous l'influence
de Georges Perec et de certaines expérimentations sur le Web, le fragment tend à jouer un rôle nouveau dans l'écriture de fiction.

L'écriture de fragments, la recherche de liens de type «mosaïque»,
de liens parataxiques, métaphoriques plutôt que logiques, conviennent
particulièrement bien à la déambulation urbaine, à la poétique des rues,
à la discontinuité, à l'hétérogénéité des métropoles pluriculturelles contemporaines, ces univers chaotiques, nomades aux connexions lâches.

À vous de jouer. Je ne donnerai ici qu'un seul fragment :

IV) BOÎTES DE VIE. Journal d'une cyberdépendante

Impossible de me lever tôt le matin. J'écoute la radio. Je me demande
le temps qu'il fait. Il doit neiger ou il tombe une pluie verglaçante.
Temps dégueulasse de toute façon ! J'écoute les informations, les nouvelles locales, quelques chansons. Trois choses me font régulièrement
sortir du lit : le premier pipi du matin, ou la faim, l'envie de me faire
un bon petit déjeuner, le désir d'entrer dans mon bureau pour voir si
mon répondeur clignote, si quelqu'un m'a téléphoné. Je suis encore en

chemise de nuit. Je fais chauffer de l'eau, je mets mon ordinateur en marche. Sur l'écran de *Windows*, je clique sur l'icone qui va me brancher à Internet et je vais voir s'il y a des *e-mails*. « *You have mail* » est le message. 9 heures du matin, soit 3 heures de l'après-midi à Paris, à Berlin, à Rome. Le matin, c'est la découverte des messages d'Europe. En général des invitations à des colloques internationaux, ou des potins parisiens, les dernières nouvelles vues à la télévision ou dans *Le Monde* que je n'ai pas encore lues. Mais mon *Eudora light*, comme il y a le *Pepsi light*, est en panne. Il en est de même de mon *Telix*. Un étrange message m'interdit d'aller plus loin : « *I can't understand keyword "keypad" in line 131 in "elm/elmrc" file. I can't understand keyword "softkeys" in line 171 in "elm/elmrc" file. Fix elm/elmrc or let elm rebuild elmrc with option "w"*. » Autant dire du chinois. Il m'a fallu passer par *Kermit* et *Pine*. Mais enfin. Je suis à nouveau connectée.

On me dit qu'on m'envoie un fax, vu que je n'ai pas accès au « *file attached* ». Il y a comme cela une dizaine de messages chaque matin. J'en prends connaissance avant le petit déjeuner. La bouilloire se met à siffler, je vais alors dans la cuisine. C'est le moment où je lis la presse parisienne que je suis allée chercher la veille à la librairie d'Outremont. Je suis toujours en retard d'un jour. Cela ne fait rien. Je lis tout l'éditorial, les pages consacrées à la politique internationale, à la politique intérieure, les pages culturelles, la carte du temps qu'il fait, ce qui est indiqué pour Montréal, histoire de vérifier que *Le Monde* ne s'est pas trompé, les cours de la bourse, à présent le destin de l'euro, la notice nécrologique, tout. Je dévore mes deux tartines, je finis ma lecture du *Monde*, je passe à *Libération* tout en me versant une nouvelle tasse de café.

Je vais me laver, m'habiller, je regagne mon bureau, pour de longues heures, cette fois. J'ai beaucoup de travail : deux articles en route, des notes diverses à classer, des cours à préparer. Mais auparavant il me faut retourner voir les messages auxquels je n'ai pas répondu. Je me branche à nouveau. Pas de nouveaux messages, mais je parcours ceux que j'avais reçus ce matin. Une bonne moitié exige des réponses rapides. Un par un, je fais défiler ces messages et je réponds. Oui, je serai à Venise à la fin du mois de mai ; non c'est impossible en novembre pour Londres, mais je terminerai l'article comme prévu en octobre ; oui, il faut me réserver une place à l'opéra pour mon arrivée à Paris, etc., etc. La réponse à ces divers *e-mails* m'a bien pris une heure. Le temps de terminer cette correspondance d'un type spécial, un nouveau message est arrivé, de New York cette fois. Il s'agit d'un mot de N., mot que j'attendais depuis longtemps. Il en profite pour me fournir la référence bibliographique dont j'avais absolument besoin. Je me sens légère. J'abandonne mon courrier électronique, mais pas encore Internet. Si j'allais voir du côté de ma page Web ? Voir d'où viennent les 15 dernières visites ? De quel pays ? Vérifier les pourcentages. Je constate que la page d'accueil de mon site est très visitée de même que mon CV. C'est fou ce qu'on peut s'exciter de par le monde autour de mon CV ! Je dois faire rêver. Une partie des gens qui le consultent doivent se dire que j'ai bien de la chance, que je publie beaucoup, des livres et des articles, que je fais des choses diverses, que je voyage beaucoup, que je mène une vie trépidante (Maman ! Tu ne te fais pas chier dans la vie, me répète constamment ma fille), l'autre partie doit se dire que je suis complète-ment folle, mais sans doute, cela revient-il au même. Mon autofiction expérimentale, en revanche, reçoit moins de visiteurs. Dommage ! Mais cela peut changer. Il suffit que je la fasse connaître. Rien ne rem-place le bouche-à-oreilles. Je sors de ma page Web, établis une dernière vérification : « *You have mail.* » Un nouveau message s'affiche. C'est Paris, la réponse à la réponse. J'ai de la chance. Je mesure alors ce que le *e-mail* signifie, le contact immédiat, ou quasi immédiat d'un bout de la terre à l'autre pour le prix d'une communication locale, c'est-à-dire pour qua-siment rien en ce qui me concerne. Petites jubilations matinales. Je réponds immédiatement : « *Mail sent* », puis je sors du réseau pour en-trer dans mon traitement de texte, mes répertoires et mes fichiers. Il est 11 heures du matin. Il neige, une petite neige fine qui a l'air tenace. Par moments, la neige tourbillonne, par moments, des mugissements du vent, des volutes brillantes sous le pâle soleil. Je tente de m'absorber dans la préparation de la communication sur la langue maternelle que je dois présenter prochainement. Je voudrais partir de l'exemple de la singulière réappropriation-invention de l'hébreu moderne opérée par Ben Yehouda. Je lis des extraits de son autobiographie, prends quelques notes, quelques citations dont je sais qu'elles vont m'être utiles. Deux heures passent. Je lève le nez, il neige toujours. Je rêvasse, commence à avoir faim. Avant de m'arrêter pour me faire un œuf dur en salade, je rentre à nouveau dans Internet pour voir si j'ai des messages : « *You have mail.* » J'ai trois messages. Le premier est sans intérêt : pub, ou liste sur laquelle je figure malencontreusement. Il me faut songer à me faire retirer de cette liste, le second indique « *host unknown* ». L'adresse élec-tronique était mauvaise. J'ai dû mettre un point là où il fallait un trait d'union ou l'inverse. Toujours est-il que mon long message me revient sans avoir pu être acheminé. Il me faut le « *forwarder* » en faisant atten-tion cette fois à ce que j'aie la bonne adresse. Le troisième est un nouveau message, local, dont la réponse peut attendre. Retour au traitement de texte. Je décide de m'arrêter pour déjeuner. Je me lève, vais dans la cuisine, mets la radio, prépare la sauce de la salade, etc., etc. Apres ce très léger repas, j'ai tout de même besoin de me dégourdir les jambes. Je sors, vais prendre un expresso au café République, au Second Cup ou ailleurs. Je ne reste pas longtemps. Retour au bercail. Dernier contrôle du *e-mail* avant de me remettre au travail. Le téléphone sonne, j'ai arrêté la sonnerie mais j'entends le bruit du répondeur. Je ne réponds pas. Je me mets au travail. Soudain, j'ai un doute. Ai-je vraiment répondu à un tel et à tel autre? Il me semble que oui. Je verrai plus tard. Je me concentre, je poursuis ma lecture. Deux heures passent, à peu près soutenues. J'ai avancé dans mes lectures, moins dans la prise de notes. Il est temps de me rebrancher. Deux messages pas très passionnants. En tous cas, ils peuvent attendre. Par AltaVista, je décide d'aller voir ce que je peux trouver sur une petite ville du Texas où je dois me rendre bientôt. Quel temps fait-il à la fin février? Je rêve à ces ciels inconnus, au pays des Cow-boys. Cela me fait penser que je n'ai pas fait attention à ce qui joue en ce moment au Grand Action, rue des Écoles. C'est un exercice auquel je me livre toutes les semaines. Je joue à «Qu'est-ce que je rate en ce moment à Paris?». Suit une liste plus ou moins longue de films, de pièces de théâtre, d'expositions de peinture ou d'installations. J'ai comme cela un calendrier hebdomadaire et mensuel, un emploi du temps fictif: Qu'est-ce que j'aurais fait si j'avais été à Paris. J'en remplis des agendas fictifs. Semaine du festival du film brésilien, le dernier Woody Allen, telle ou telle pièce de théâtre, etc., etc. Je me lève pour tenter de retrouver un vieux numéro du *Monde*. Peine perdue! J'ai déjà fait le ménage. J'essaie de ne pas laisser vagabonder mon esprit, je me remets au travail. Cinq heures arrivent. Je décide de me faire une tasse de thé non sans avoir regardé si j'avais du courrier électronique. Trois messages de lecteurs occasionnels qui sont tombés sur ma page Web par hasard et qui me disent tout le bien qu'ils en pensent. Je suis charmée. Bon pour le narcissisme. Je vérifie alors si j'ai bien répondu à machin chose. Oui, j'avais répondu. Ne pas devenir gâteuse avant l'heure! Je vérifie alors qui m'avait téléphoné. Merde! C'était urgent. Je fais immédiatement le numéro. Trop tard, après cinq heures X quitte son bureau. Je vais lui envoyer un *e-mail*, non, à bien y réfléchir, je préfère attendre au lendemain pour lui parler directement. J'ai à ma disposition, mon téléphone muni de son répondeur, un télécopieur et, bien entendu, le courrier électronique. Je ne me sers de la poste que pour le courrier officiel, administratif, les grandes occasions. Je n'ai pas encore de téléphone portable ni de ce côté ni de l'autre de l'Atlantique mais cela ne va pas tarder. Je rêve de me trimballer partout avec. J'ai bien entendu aussi des cartes à puces pour téléphoner d'une cabine en n'importe quel point du monde. Je ne fais pas du tout le même usage de ces différents moyens de communication. Le fax, pour envoyer des extraits de journaux, des articles, des épreuves, des écrits ; le *e-mail* pour tout ce qu'on veut, mais quand j'ai besoin de parler à quelqu'un je vais à la fois envoyer un *e-mail* (cela ne coûte rien) et donner un coup de fil (parfois très coûteux) pour entendre la voix, préciser ceci ou cela. Le *e-mail* n'est pas immédiat. Seul le téléphone l'est. Il m'arrive même d'envoyer un *e-mail* : attention, je vais te téléphoner à telle heure. Prends-en compte le décalage horaire. Je ne suis rassurée que lorsque j'ai mon correspondant au bout du fil. Je rêve d'un bureau où il y aurait en permanence le courrier électronique avec les messages qui s'afficheraient en permanence. Sur une autre ligne, le fax crépiterait, sur une troisième, le répondeur s'agiterait. Pendant ce temps-là, moi, à une terrasse de bistro, je téléphonerais à X de mon portable. En revenant chez moi, j'ouvrirais ma boîte à lettres : hélas ! Rien que des factures ! Du coup, je les laisserais dans la boîte. Je monterais mes marches quatre à quatre. C'est une façon de parler. En fait, je monte péniblement comme une petite vieille. J'enlèverais mon manteau, je pénétrerais dans mon bureau : trois pages de fax, quatre messages sur le répondeur et quatre autres messages électroniques m'attendraient. ON PENSE À MOI. ON NE M'OUBLIE PAS. J'EXISTE.

Peine perdue ! La voix du répondeur est quatre fois la même. C'est l'American Express qui s'inquiète. Je n'ai pas payé le montant de ma dernière facture. Les trois pages de fax, c'est de la publicité pour une assurance-décès. Si je clamse subitement, mon heureux époux empochera la somme coquette de… J'ai tout mis à la poubelle. Sur les quatre messages électroniques, l'un m'est revenu en « *host unknown* ». Encore une mauvaise adresse ou une infime erreur. À recommencer. Le second est un message administratif. Chiant. J'efface avant de le lire. Le troisième me fait parvenir la dernière blague qui court sur Clinton. Drôle, mais pas urgent. Quant au quatrième, il m'arrive en *hindi*, dans des caractères totalement illisibles. Je ne saurai jamais ce que mon interlocuteur m'a raconté. Je hausse les épaules. Je suis déçue, mais *Tomorrow is another day*. Il est temps d'aller voir si ma page Web a été regardée aujourd'hui. Il vaudrait mieux l'alimenter, mais je me sens fatiguée. L'heure d'aller chercher *Le Monde* et *Libé* à la librairie du coin a sonné. En revenant, je m'installe pour lire les journaux, mais auparavant, un petit contrôle. Rien. ON M'OUBLIE. JE N'EXISTE PLUS. J'AI LE CAFARD!

Il est 7 heures.

Plus aucun message ne peut venir d'Europe où il est 1 heure du matin. C'est l'heure du journal télévisé de la 2 à TV5. Impossible de le manquer. C'est ma messe quotidienne. Précisément, on y parle de la mode du téléphone portable et de ses effets sur la sociabilité des individus, on y rapporte qu'on est obligé, au théâtre ou à l'Opéra de demander aux gens de bien vouloir fermer leur téléphone, qu'au café ils ne se parlent plus, qu'en autobus, ils sont constamment en train d'appeler : « Allô, c'est moi. Je suis dans l'autobus. Je suis dans le 96, rue de Rennes. Dans cinq minutes je serai au terminus, à Montparnasse. Je serai à la maison dans un quart d'heure. Allô, je t'entends mal. je suis dans l'autobus… » Après le journal télévisé, je me fais mon steak et des pâtes. Je regarde un peu la télé américaine, mais sans conviction. Ma journée de travail est presque terminée et je n'ai pas fait grand-chose. Je me désole. Pourtant, j'ai des cours à préparer, des communications à mettre au point, de nombreuses lectures à terminer et un chapitre de livre à avancer. Je m'y mets, mais auparavant, je me dis que si c'est trop tard pour l'Europe, c'est la bonne heure pour mes correspondants du Texas et de la côte Ouest, ceux de Vancouver, de Seattle, de Californie. Je me rebranche. Impossible ! Il doit y avoir trop de monde sur le réseau, impossible ! Je me sens orpheline. Je ne peux accéder à l'essentiel, on me vole mon existence ! Je sens que je vais recevoir un message absolument fondamental. J'attends quoi ? Mais, le Messie, voyons ! Bien entendu. D'ailleurs, au moment même où je me sens abandonnée, le téléphone sonne. Je décroche. C'est Z. qui me dit qu'elle n'arrive pas à me joindre en *e-mail*, qu'elle veut m'inviter à Los Angeles à un colloque en mai 2000 sur Shabbataï Zevi, le faux messie du XVIIe siècle, qu'elle voudrait que j'y lise un texte de fiction. L'université paiera l'avion et quatre nuits d'hôtel non loin de UCLA, sans doute sur Wilshire Avenue. Je lui réponds aussitôt : « *You made my day.* » J'aime Los Angeles, j'aime Shabbataï Zevi et j'ai la bougeotte. Z. me dit que je trouverai le détail du colloque en *e-mail* demain matin. Le moment est venu de fermer l'ordinateur. Une dernière tentative. Ça marche. Aucun message, mais sur Yahoo, je regarde des photos du Texas. J'ai mis un CD acheté à la FNAC, en décembre dernier. La musique de *Johnny Guitar*, le film de Nicholas Ray que je vais revoir au moins une fois tous les deux ans. Je me laisse griser par la musique. Je suis une Emma Bovary du Western. Avant de fermer, je regarde une dernière fois mon courrier électronique. Un emmerdeur me dit de faire attention aux virus qui envahissent le réseau, que si je vois telle adresse s'afficher, je ne dois absolument pas lire le message, etc., etc. Découragée, je vais fermer quand un nouveau message arrive, étrange et terrifiant. «J'ai été votre étudiante en 68 à Nanterre. Vous ne vous souvenez pas de moi, mais moi de vous. J'ai eu le plus grand mal à retrouver votre trace, mais vous êtes assez connue, alors j'ai essayé par AltaVista et je suis tombée sur votre site Web. Vous n'avez pas changé. Toujours aussi "siphonnée" si je puis me permettre. Je ne sais pas si vous avez une bonne mémoire, mais en 68 vous aviez eu une liaison avec un étudiant. C'était peut-être secret, mais moi je l'ai su. Bien sûr, cela fait trente ans et des poussières, mais je suis restée très proche de M. Malheureusement, M. est mort du sida il y a presque dix ans. En triant aujourd'hui des vieux papiers, je suis tombée sur une vieille photo sur laquelle j'ai cru vous reconnaître. Voilà. On ne sait jamais. Je voulais simplement vous faire savoir. Bonne nuit.» Signé illisible. Je me dis : «*You made my day!*» Qu'est-ce que c'est que cette histoire ! Mais je n'ai jamais eu de liaison avec un étudiant en 68. Je l'ai toujours regretté du reste. Passée à côté, à côté de tout. Cette imbécile cherche quoi? Me faire croire que je pourrais avoir le sida? Me faire chanter : la femme respectable qui ne voudrait pas qu'on raconte sa vie? Qu'est-ce que c'est que ces salades? Elle a cru me reconnaître. Tu parles !

Mais non, je n'ai pas eu de liaison avec un étudiant en mai 1968, même pas eu l'idée. Une conne ! Le nez dans les bouquins. Demain je lui répondrai et lui dirai son fait à celle-là. Et si j'avais la maladie de Alzheimer, si je n'avais plus aucun souvenir? Mais non. On vieillit d'accord, mais tout de même !

J'envoie un message à Z. pour me changer les idées. À Los Angeles, il n'est que 10 heures du soir. Une fiction sur un mystérieux message électronique qui serait signé : Shabbataï Zevi, cela t'irait?

Je quitte enfin mon écran, la mort dans l'âme. Je vais prendre ma douche et me coucher. J'emporterai au lit un roman policier : Meurtre par *e-mail*. J'ai bien hâte de m'y plonger.

Au lit, je me dis que je devrais téléphoner à Y. À Paris, il est déjà 8 heures du matin. Je ne la réveillerai pas. Elle me dirait le temps qu'il fait. Ce sera pour demain. Je lui enverrai un message. *You have mail.* J'EXISTE.

Aller plus loin? Créer des liens pour le lecteur? Des cheminements dans l'œuvre? Avec des logiciels, des langages de programmation. Un langage Cyborg?

Il est encore trop tôt pour dire si les possibilités de la symbiose ordinateur-homme (ce que l'on appelle le Cyborg) constituent une nouvelle chance pour la littérature, si le *digistyle* est une vue de l'esprit, s'il y a un futur pour la fiction dans le cyberespace[30].

30. Voir Janet H. Murray, *op. cit.*

Hypertexte et complexité

JEAN CLÉMENT

La thermodynamique est le meilleur modèle pour la recherche
et l'expression de ce qui m'intéresse.

PAUL VALÉRY

La question que je me propose de traiter nécessite quelques remarques
préalables. Vouloir mettre en relation les concepts d'hypertexte et de
complexité peut sembler une entreprise bien téméraire. D'une part,
parce que la question de l'hypertexte est complexe en elle-même et,
d'autre part, parce que le mot « complexité » est, comme le dit le philosophe Edgar Morin[1], un mot-problème et non un mot-solution. La
complexité, dès lors que l'on ne se contente pas de l'acception courante du mot (est complexe ce qui ne peut se ramener à une loi unique, ce qui ne peut se réduire à une idée simple), est devenue un
concept-clé dans de nombreux domaines, de la mécanique des fluides
aux prévisions économiques, de la météorologie à l'astronomie. C'est
aussi un mot à la mode, et il faut donc s'en méfier. Je ne suis pas sûr
moi-même d'échapper complètement à la séduction qu'exerce le mot
et à la tentation d'en faire un concept passe-partout. Quoi qu'il en soit,
il m'a semblé qu'il existait un rapport entre l'hypertexte et la complexité et que le rapprochement des deux termes pouvait être éclai-
rant. Le point de vue que je défends est que ce rapport est un rapport
d'instrumentalisation : l'hypertexte instrumentalise la complexité. En
d'autres termes, l'émergence de l'hypertexte, qui est contemporaine

---

1. Edgar Morin, *Introduction à la pensée complexe*, Paris, ESF, 1990.

de celle de la notion épistémologique de complexité, apparaît à certains égards comme une réponse à la difficulté posée par l'irruption de la complexité dans le champ de la pensée et du discours. J'examinerai cette réponse selon trois modalités. D'abord en rappelant comment s'est opéré dans les sciences et dans la pensée contemporaine un renversement épistémologique qui modifie notre rapport à la connaissance. Ce renversement peut être considéré comme un changement de paradigme. On est passé au xxᵉ siècle du paradigme de la simplification à celui de la complexité. L'invention de l'hypertexte apparaît comme une tentative pour maîtriser la complexification et la croissance exponentielle de l'information. Dans une deuxième partie, je replacerai l'hypertexte dans l'histoire des supports de l'écrit. D'une certaine manière, l'avènement de l'hypertexte marque la fin de l'ère du livre inaugurée par Gutenberg. À une organisation rhétorique et matérielle ordonnée des savoirs et des discours, il oppose une organisation en système, plus floue, mais plus ouverte et plus dynamique. Enfin, je terminerai par une tentative de «déterritorialisation» de certains concepts «nomades» empruntés au champ épistémologique de la complexité et à la théorie du chaos et appliqués à l'hypertexte.

Le paradigme cartésien de la science moderne

La période de l'histoire des sciences inaugurée par Descartes et Galilée est placée sous le signe de la simplification et de l'ordre. À partir du xviiᵉ siècle, l'homme considère la nature pour y découvrir les lois qui la gouvernent. Cette nouvelle attitude qui marque le début de l'aventure de la pensée occidentale a plusieurs conséquences. D'une part, elle instaure une distance entre le sujet pensant (*ego cogitans*) et la chose étendue (*res extensa*), établissant par là une coupure entre philosophie et science et, d'autre part, elle place la connaissance sous l'empire de trois grands principes dont l'ensemble constitue ce que l'on peut appeler le «paradigme de la simplification». Le premier principe est celui de disjonction. L'objet de la connaissance doit être séparé du sujet connaissant, chaque discipline doit se constituer de façon autonome. Le deuxième est le principe de réduction, ou réductionnisme, qui privilégie la connaissance des constituants d'un système plutôt que sa globalité. Le troisième est l'abstraction qui ramène tout à des équations et des formules gouvernant des entités quantifiées. La nature, selon Galilée, est «un livre écrit en caractères mathématiques», tandis que Descartes rêve d'«une Physique qui soit toute géométrique». Depuis Platon, la

pensée occidentale est à la recherche d'un principe d'ordre qui justifie-
rait et expliquerait l'ordre de l'Univers. L'observation des planètes et la
découverte de la régularité de leurs mouvements suggèrent en effet
que l'univers est régi par des lois. La mise en évidence de la gravitation
universelle par Newton est décisive de ce point de vue. S'il y a de l'ordre et des systèmes ordonnés, pense-t-on, c'est qu'il existe un principe
de mise en ordre ou un sujet ordonnateur. Pour Newton, c'est encore
Dieu qui est l'ordonnateur du « Système du Monde », pour Laplace, un
peu plus tard, ce sera la « Nécessité immanente ». L'acharnement à
déchiffrer cet ordre a entraîné les savants et les philosophes à des sim-
plifications qui ont sans doute permis les très grands progrès de la
connaissance scientifique et de la réflexion philosophique, mais il a
aussi conduit dans le même temps à rejeter tout ce qui semblait contre-
venir à l'ordre recherché. C'est ainsi que des notions comme celles de
Temps irréversible, de Hasard objectif et de Complexité furent durablement éliminées de l'horizon conceptuel de la pensée occidentale.
Jusqu'au XIXᵉ siècle, c'est la littérature qui assumera seule la charge de
traduire et faire sentir la complexité du monde, des êtres et des sociétés. Car, comme le notait justement Paul Valéry, « la littérature n'est
l'instrument ni d'une pensée complète, ni d'une pensée organisée[2] ».

Le complexe, nouveau paradigme

La complexité fait sa réapparition dans les sciences au début du XIXᵉ siècle. Ce sont les travaux de Sadi Carnot sur la thermodynamique qui
ont pour la première fois remis en cause l'idée d'un monde ordonné.
Le deuxième principe de la thermodynamique, formulé dès 1824, introduit en effet l'irréversibilité en physique. Ce principe de dégradation de
l'énergie ou entropie croissante fut très vite compris, par Boltzmann
en premier, comme un principe de désordre croissant. L'idée s'impose
alors : l'état le plus probable, pour un système quel qu'il soit, c'est le
désordre. Le temps thermodynamique est un temps de dégradation.
Le chaos moléculaire se présente ainsi comme le destin de tout système.
   Cette prise de conscience est fondamentale. Le désordre n'est plus
seulement le résidu de nos tentatives pour comprendre le monde, il est
irrémédiablement inscrit au cœur de l'univers conçu comme un système complexe. Nous vivons et pensons désormais sous le paradigme
de la complexité.

2. Paul Valéry, *Ego scriptor*, Paris, Gallimard, 1992, p. 160.

De cette complexité, je prendrais comme exemples trois notions qui éclaireront mon propos sur l'hypertexte : les notions de bruit, de système et de chaos.

Le bruit

Dans une situation de communication, le bruit est d'abord un facteur de perturbation et de désordre. Il doit donc être sinon éliminé, du moins neutralisé. C'était le problème posé à Shannon, un ingénieur des laboratoires de la compagnie Bell Telephone qui travaillait après la guerre à l'amélioration des transmissions dans les télécommunications. Pour Shannon, l'information n'a qu'un sens quantitatif puisque ce qu'il cherche à mesurer, c'est une quantité d'information. Or, pour que l'information soit mesurable, il faut qu'elle soit réduite à sa plus simple expression, c'est-à-dire au fait même qu'un événement se soit produit. Sa théorie ne tient compte ni du sens, ni de l'origine, ni de la cause de l'information. Ce qui intéresse Shannon, c'est la probabilité d'apparition d'un symbole à l'intérieur d'un message plusieurs fois répété. En développant sa *Théorie mathématique de la communication*[3], il a ouvert la voie à un rapprochement entre les notions de bruit, d'entropie et d'information. L'entropie étant pour les spécialistes de la thermodynamique la mesure de l'ignorance où nous sommes de l'état d'un système, certains ont pu assimiler le bruit à l'entropie et l'information à la « néguentropie », définie comme le contraire de l'entropie.

À l'inverse, dans le domaine de la biologie puis des neurosciences, la notion de bruit a pris plus récemment une acception positive. Henri Atlan[4], en effet, a démontré que si le bruit n'a, en ce qui concerne la transmission d'information, que le sens d'une perte ou d'un oubli, il peut avoir, à un niveau supérieur, une fonction positive : produire de la diversité, accroître la complexité. Jean-Pierre Changeux[5], puis Jean-Claude Tabary[6] ont ensuite étudié le rôle du bruit dans l'auto-organisation du cerveau, dans les processus d'apprentissage en particulier. Pour eux, le bruit est un stimulus extérieur qui n'est pas intégrable à un premier niveau et qui oblige le cerveau à passer d'un « état stationnaire

3. C. E. Shannon et W. Weaver, *The Mathematical Theory of Communication*, Urbana, University of Illinois Press, 1949.
4. Henri Atlan, *Entre le cristal et la fumée*, Paris, Seuil, 1979.
5. Jean-Pierre Changeux, *L'homme neuronal*, Paris, Fayard, 1983.
6. Jean-Claude Tabary, « Auto-organisation à partir du bruit et système nerveux », dans *L'auto-organisation. De la physique au politique*, Paris, Seuil, 1983.

d'équilibre instable» à un autre. Comme dans les processus irréversi-
bles de la thermodynamique, une variation microscopique à l'intérieur
d'un système chimique peut, dans des conditions de non-équilibre et
de non-linéarité, s'amplifier au lieu de s'amortir jusqu'à conduire le
système à de nouvelles formes d'équilibre. Nous retrouverons cette
problématique à propos de la théorie du chaos.

Ainsi, comme le dit justement Roger Cavaillès, «qu'il soit perte ou
stimulus, oubli d'information ou stimulation insolite, le bruit représente toujours l'élément aléatoire, le facteur imprévu et, finalement, le
visage moderne du hasard[7]».

La cybernétique et la théorie des systèmes

Le succès du schéma de Shannon tient à son extrême simplicité.

Comme on le sait, ce schéma est linéaire. Il suppose qu'une information symbolique est transmise dans un seul sens, de l'émetteur vers
le récepteur. Les travaux de Wiener publiés l'année précédente avaient
cependant montré que l'information peut aussi fonctionner en boucle :
c'est le principe du *feedback*, développé par Wiener à partir de ses recherches sur la conduite des canons antiaériens. Le canon qui cherche
à atteindre une cible en mouvement (l'avion) s'inscrit dans un processus circulaire où des informations sur l'action en cours (la trajectoire
de la cible) nourrissent en retour le système de guidage.

Si l'on veut prendre en compte le principe de la rétroaction, l'explication traditionnelle de la transmission linéaire de l'information devient
insuffisante. Tout «effet» réagit sur sa «cause» : tout processus doit être
conçu selon un schéma circulaire. Cette idée simple devait se révéler
féconde. Parallèlement au travail de Wiener, un groupe de chercheurs
animé par Bertalanffy[8] réfléchissait à une «théorie générale des systèmes». Ses travaux étaient consacrés à la recherche «des principes qui
s'emploient pour des systèmes en général, sans se préoccuper de leur
nature physique, biologique ou sociologique». Ils aboutirent à cette
définition : «Un système est un complexe d'éléments en interaction,
ces interactions étant de nature non aléatoire.» Théorie générale des
systèmes et cybernétique vont progressivement s'interpénétrer pour
donner ce qu'on appelle aujourd'hui la systémique.

---

7. Roger Cavaillès, «Histoires parallèles du "bruit" et du "chaos", dans *Littérature et
théorie du chaos*, Saint-Denis, Presses universitaires de Vincennes, 1994.

8. Ludwig von Bertalanffy, *Théorie générale des systèmes*, Paris, Dunod, 1993.

Le chaos

Apparue plus récemment, la théorie du chaos est le dernier avatar de la pensée complexe.

Le mathématicien français Henri Poincaré fut le premier à comprendre qu'une petite variation dans les conditions initiales pouvait conduire un système dans des évolutions très différentes, pressentant ce que l'on nomme aujourd'hui la « sensibilité aux conditions initiales ». C'est toutefois un physicien américain, Edward Lorenz, qui, en 1963, a vraiment donné forme et consistance à la notion de « chaos déterministe », à partir d'une réflexion sur la difficulté à faire des prévisions météorologiques fiables. Sa métaphore du papillon est restée célèbre : le battement d'ailes d'un papillon aux Antilles peut provoquer à plus ou moins longue échéance une tempête sur les côtes de Bretagne. L'explication des phénomènes chaotiques se trouve dans la non-linéarité et l'action en retour de l'effet sur la cause (*feedback*) qui, modifiant la cause, aura pour conséquence la production d'un nouvel effet pouvant, à son tour, rétroagir sur sa cause, et ainsi de suite. La situation n'est pas propre à la météorologie et se retrouve dans bien d'autres systèmes. L'étude de ces systèmes conduit à reconsidérer la relation entre l'ordre et le désordre selon trois nouvelles modalités :

1) **L'ordre peut engendrer le désordre**
Un système dont le comportement est considéré comme déterministe, c'est-à-dire prévisible peut au bout de quelques instants présenter un comportement chaotique, c'est-à-dire apériodique dans le temps et dans l'espace, et donc imprévisible.

2) **Le chaos est la condition de l'ordre**
Le chaos est partout. Dans les systèmes vivants, l'ordre le plus solide est celui qui est capable d'intégrer le chaos. Ce paradoxe avait été souligné par Von Neuman à propos des machines artificielles. Une telle machine, bien que composée d'éléments très solides, est beaucoup moins fiable que chacun de ses éléments pris séparément. À l'inverse, les machines vivantes (auto-organisée) dont les organes sont composés de molécules qui se dégradent très rapidement, sont beaucoup plus fiables que leurs éléments.

3) **Le chaos peut générer de l'ordre**
Il existe un ordre dans le chaos. Cet ordre qui se forme dans le chaos et à partir de lui est sans doute la preuve que le chaos n'est pas un pur désordre mais qu'il porte en lui un ordre virtuel ou potentiel qui, en certaines circonstances, peut s'actualiser et apparaître ou réapparaître.

Bruit, théorie des systèmes et chaos apparaissent comme une limitation du principe fondamental de la science classique : le déterminisme.

Mais en même temps ils élargissent le champ de la rationalité. Car la science classique s'est construite sur le rejet d'un aspect important de l'expérience humaine et l'exclusive considération des systèmes idéaux. C'est le rejet délibéré des phénomènes désignés comme des «parasites» ou des «anomalies» qui a permis le jeu des prévisions et les succès de la science. C'est en considérant seulement des systèmes conservatifs isolés, aux comportements réversibles, que la physique a pu formuler ses principes et trouver ses applications.

La reconnaissance de notions comme celles de «bruit» et de «chaos» témoigne d'une prise en compte des systèmes réels, dynamiques, ouverts, souvent instables, hiérarchisés et fluctuants. Ces concepts nous permettent une meilleure compréhension de ce qui fut jusqu'ici exclu ou occulté par un système de rationalité déterministe et simplificateur.

L'hypertexte, instrument de la complexité

Technologies de l'écriture et complexité

Après avoir donné quelques repères dans le champ épistémologique de la complexité, je voudrais montrer maintenant comment son histoire s'inscrit dans une autre dont elle est inséparable : celle des technologies de l'écriture et de la mémoire. Les travaux de Jack Goody[9] sur la raison graphique, ceux de Leroi-Gourhan[10] sur le geste et la parole ou ceux de Derrida[11] sur la grammatologie sont fondés sur un postulat commun : ce sont les technologies qui distinguent l'homme de l'animal, c'est de leur invention que dépend la libération de la pensée et son développement. Ainsi l'écriture, qui est sans doute la technologie la plus fondamentale dans le développement de la pensée, n'est pas seulement inscription du langage sur un support apte à en assurer la conservation et la transmission. Par la séparation qu'elle instaure entre la parole et les conditions spatio-temporelles de son énonciation («le savoir est séparé du sachant», dit Havelock[12]), elle décontextualise les énoncés et permet leur recontextualisation dans un nouvel environnement herméneutique. On connaît les propos d'Amon qui, dans le célèbre passage

9. Jack Goody, *La raison graphique : la domestication de la pensée sauvage*, Paris, Minuit, 1979.

10. André Leroi-Gourhan, *Le geste et la parole*, Paris, Albin Michel, 1992.

11. Jacques Derrida, *De la grammatologie*, Paris, Minuit, 1967.

12. E. A. Havelock, *The Literate Revolution in Greece and Its Cultural Consequences*, Princeton, Princeton University Press, 1982.

du *Phèdre* de Platon, reprochait à Thoth, l'inventeur de l'écriture, d'avoir introduit non de la mémoire, mais de l'oubli dans le cœur des hommes, car, disait-il, «au lieu de se fier à leur mémoire propre, ils s'en remettront nécessairement à ces signes extérieurs et, ignorants de tout, prendront pour du savoir ce qui n'est que lettre morte». Jack Goody a bien montré qu'au contraire, c'est l'écriture (y compris la plus primitive comme celle des listes d'objets ou de marchandises) qui favorise la pensée en la libérant de la linéarité de l'oral par le jeu de la combinatoire et des rapprochements qu'elle autorise. Dès lors, on peut lire l'histoire de l'écriture et de ses supports comme une évolution vers toujours plus de complexité.

De ce point de vue, on peut distinguer plusieurs étapes. La première est celle de la simple retranscription ou imitation de l'oral. La parole orale est linéaire, elle est prisonnière de son débit, prise dans un flux irréversible. Les premières écritures alphabétiques cherchaient à reproduire cette linéarité en transcrivant l'oral dans une suite de caractères que ne séparait aucun blanc ni aucun signe de ponctuation. Le support le plus approprié était alors le *volumen*, un rouleau que l'on déroulait au fur et à mesure de la lecture. On trouve la trace de cette habitude dans l'écriture dite «boustrophédon» qui, bien qu'utilisant la page, s'écrit alternativement de gauche à droite puis de droite à gauche, par souci de ne pas rompre la continuité du discours par des retours à la ligne. Jusqu'au Moyen Âge, l'écrit fut ainsi considéré comme support de l'oral et jusqu'à saint Ambroise (d'après le témoignage de saint Augustin), les textes devaient être lus à voix haute pour être compris.

Avec l'apparition du *codex*, le texte acquiert une certaine autonomie par rapport à l'oral puisque désormais l'espace de lecture devient la page, une surface que l'on peut visualiser et sur laquelle on peut prélever par la lecture des informations sans avoir à repasser par l'oral. Avec le développement de l'imprimerie à la Renaissance et l'invention du livre moderne, va ensuite se mettre progressivement en place un ensemble d'outils de lecture et de repérage dans le texte (signes de ponctuation, découpage en paragraphes, numérotation des pages, tables des matières et index, références croisées, etc.) qui nous sont aujourd'hui familiers et constituent ce que l'on peut appeler une culture de l'imprimé. La lecture n'est plus assujettie à l'oral, la disposition du texte structure le signifiant. Chaque signe, chaque espace, chaque marque typographique, chaque mise en page contribue à la formation du sens. Une véritable sémiologie textuelle se met en place. De l'encyclopédie à la poésie moderne, quelle que soit la forme qu'elle puisse prendre, l'écriture se détache ainsi définitivement des conditions de son énonciation pour devenir un *artefact*, un être technologique si l'on peut parler ainsi, dont la complexité tient à son nouveau mode de fonctionnement et à son autonomie.

Du texte à l'hypertexte

À cette complexité croissante du texte, il faut ajouter celle qui résulte de la prise en compte de ce qu'il est convenu d'appeler, à la suite des travaux de chercheurs comme Julia Kristeva[13], « l'intertexte ». Un texte ne peut se lire dans toute son intelligibilité, on le sait désormais, sans faire appel aux autres textes auxquels il est relié de diverses manières, conscientes ou inconscientes, explicites ou implicites, dont l'ensemble constitue son « intertexte ». Par ce changement d'échelle, c'est l'ensemble de la bibliothèque qui est ainsi convoqué à chaque lecture. Cette insertion du texte dans un réseau complexe exige du lecteur de mobiliser son bagage culturel et peut conduire, dans le cas d'une lecture savante, à des niveaux de complexité qui relèvent d'une véritable herméneutique. Le concept d'intertextualité a profondément renouvelé l'approche des textes littéraires et nous verrons plus loin comment il trouve dans l'hypertexte une traduction technologique appropriée.

Mais c'est du côté des sciences et de ce que l'on appelle parfois la « littérature grise » que le concept d'hypertexte est d'abord apparu, en réponse à la complexité croissante de la documentation scientifique. À la fin de la Deuxième Guerre mondiale, la somme des articles scientifiques, des revues ou des thèses qu'un chercheur devait consulter était devenue telle que la lecture intégrale en était impossible. Le cloisonnement des disciplines, l'éparpillement des publications, la croissance exponentielle de l'information plaçait le chercheur dans une situation difficile. La recherche était freinée, la communauté scientifique avait de plus en plus de mal à communiquer. C'est pour répondre à cette situation qu'un conseiller scientifique du président Roosevelt imagina un dispositif documentaire nouveau qui est généralement considéré comme l'ancêtre de l'hypertexte. Dans un article, désormais fameux, intitulé « As We May Think », Vannevar Bush décrivait son invention baptisée *Memex* (pour « *memory extender* »), comme : « […] *a device in which an individual stores his books, records, and communications, and*

13. Julia Kristeva, *Semeiotiké*, Paris, Seuil, 1969.

which is mecanized so that it may be consulted with exceeding speed and flexibility. It is an enlarged intimate supplement to his memory[14]. »
Le support de stockage imaginé par Bush était le microfilm. Un bureau spécialement équipé permettait de sélectionner et de projeter instantanément les documents désirés.

Mis à part le support, l'invention de Bush, qui ne fut jamais réalisée, présentait toutes les fonctionnalités d'un hypertexte moderne :

- possibilité de projeter plusieurs documents simultanément pour les comparer ;
- possibilité de microfilmer de nouveaux documents ou de se les procurer sous forme de microfilms ;
- possibilité d'ajouter ses propres notes et commentaires ;
- possibilité de lier entre eux les documents.

C'est cette dernière possibilité qu'il considérait comme la plus novatrice : « *It affords an immediate step* […] *to associative indexing, the basic idea of which is a provision whereby any item may be caused at will to select immediately and automatically another*[15]. »

Bush prévoyait que, grâce à ce dispositif, il deviendrait possible de créer plusieurs cheminements dans un ensemble documentaire selon divers centres d'intérêt et que des parcours personnalisés pourraient être ainsi suggérés à de futurs utilisateurs.

Si Vannevar Bush est considéré comme le grand-père de l'hypertexte, c'est à Ted Nelson que l'on doit le néologisme d'«hypertexte», créé pour caractériser un réseau informatique de documents reliés entre eux par des liens activables. Son projet, baptisé *Xanadu*, devait permettre à tous les chercheurs d'accéder instantanément à la totalité des savoirs accumulés dans le monde sous une forme numérisée. Cette entreprise, qui semblait à l'époque relever de l'utopie, est aujourd'hui en passe de se réaliser. Avec le réseau Internet, le savoir n'est plus localisé ; il est, selon l'expression consacrée, « distribué ».

Il faut souligner ici l'importance décisive de l'informatique dans cette nouvelle organisation du savoir. Elle intervient à deux niveaux : la numérisation des textes et des documents et les liens hypertextuels. La numérisation des textes modifie profondément le statut du texte en le

---

14. «[…] un dispositif grâce auquel un individu peut archiver ses livres, ses notes et ses communications et qui est mécanisé afin de pouvoir être consulté très rapidement avec une grande souplesse. C'est une extension de sa propre mémoire » (Vannevar Bush, « As We May Think », *The Atlantic Monthly*, juillet 1945, p. 106-107).

15. « Tout cela offre immédiatement de nouvelles perspectives à l'indexation associative, dont le principe est de rendre n'importe quel item activable pour déclencher à volonté la sélection instantanée et automatique d'un autre » (*ibid.*, p. 106).

séparant de son support. Cette révolution est considérée par des historiens du livre comme Roger Chartier[16] plus fondamentale que celle qu'a provoquée la diffusion de l'imprimerie à la Renaissance. Entre le livre et l'écran il y a autant de différence qu'entre le rouleau et le *codex*. On ne peut, en effet, abstraire les textes des objets qui les portent en ignorant que les processus sociologiques et historiques de construction du sens des textes s'appuient sur les formes dans lesquelles ils sont donnés à lire. Le texte dématérialisé devient un objet instable, malléable, modifiable, transférable. De nouvelles opérations intellectuelles deviennent possibles que l'imprimé ne permettait pas ou peu. C'est ainsi qu'à la Bibliothèque nationale de France on a mis en place des postes de lecture assistée par ordinateur grâce auxquels les chercheurs peuvent accéder à des textes numérisés et utiliser des outils visant à favoriser ce que l'on a appelé «l'annotation dynamique». Sous cette appellation, on regroupe un certain nombre d'opérations facilitées par l'ordinateur telles que la constitution de corpus de travail, la recherche plein-texte, le multi-fenêtrage, le marquage des textes à l'aide de signets électroniques, le coupé-collé, etc. Plus que jamais, la lecture est devenue inséparable de l'écriture.

Les liens hypertextuels constituent l'autre révolution de notre rapport au texte. L'informatique permet ici d'instrumentaliser le fonctionnement même de la pensée et de la construction des savoirs. Jusqu'à présent, il fallait passer par les outils mis en place au fil des siècles dans l'édition classique pour relier entre eux des textes (citations, index, concordances, renvois, etc.). Désormais, d'un simple clic de souris, il devient possible d'accéder instantanément à tous les textes auxquels un texte donné est relié. Les conséquences en sont multiples. D'une part, l'instantanéité de la relation permet le fonctionnement réel de certains outils peu utilisés habituellement parce que malcommodes (qui prend la peine de lire toutes les variantes d'une édition savante?). D'autre part, l'organisation hiérarchique du texte principal et des textes-satellites peut être modifiée. Par exemple, un texte appelé par une note peut à son tour contenir des renvois à d'autres textes et constituer ainsi le point de départ d'un réseau. Il devient également commode de mettre le texte en relation avec son intertexte, de le situer dans son contexte de production et de réception, d'accroître son intelligibilité par la restitution de l'environnement qui a présidé à sa création : lire Stendhal en écoutant Cimarosa, Baudelaire en regardant Goya ou Delacroix, etc.

---

16. Roger Chartier, *Le livre en révolutions : entretiens avec Jean Lebrun*, Paris, Textuel, 1997.

Avec l'accroissement des capacités de stockage que procure dès aujourd'hui le DVD, on pourra bientôt proposer des «lectures» des textes : comparer plusieurs mises en scènes de Shakespeare ou écouter une anthologie de poésies lues par leurs auteurs.

Quel que soit son support (*on line* ou *off line*) et quel que soit son objet (base documentaire ou création d'auteur), l'hypertexte apparaît ainsi comme l'aboutissement d'un processus de complexification croissante de notre rapport à l'écriture et au savoir. Cette complexification trouve son expression dans deux caractéristiques essentielles. D'abord, l'hypertexte est constitué d'un ensemble non structuré *a priori* d'éléments (les nœuds) qui, étant reliés les uns aux autres, forment système : toute action sur un des éléments reconfigure la totalité. Ensuite, chaque activation de l'hypertexte par un utilisateur détermine un parcours singulier et provoque une structuration provisoire de l'ensemble. C'est dans cette interaction constructive d'un sujet avec un ensemble variable et fluctuant de connaissances que l'hypertexte peut être considéré comme une réponse appropriée au défi de la complexité.

L'hypertexte comme figure de la complexité

Hypertexte et système énonciatif

Il convient tout d'abord de revenir sur la différence fondamentale qui existe entre un hypertexte et une base de données. La base de données est un dispositif informatique d'accès à l'information qui suppose que celle-ci est préalablement structurée selon un certain nombre de critères qui aboutissent à une catégorisation (mots-clés), à une simplification (formatage des données) et à une hiérarchisation (thesaurus) de l'information et de la connaissance. Toute base de données, de ce point de vue, renforce le paradigme de la simplification et favorise une vision rigide de l'organisation des savoirs. Mais ce qui nous intéresse ici, c'est le rapport qu'elle instaure entre l'utilisateur et l'information. Pour le dire en images, on pourrait assimiler la situation de l'utilisateur à celle d'un pêcheur à la ligne qui se tient sur le rivage de la mer ou sur le pont d'un bateau. Il envoie ses requêtes comme on lance une ligne ou des filets et il examine ensuite ce qu'il a pêché avant de relancer sa ligne. L'utilisateur de l'hypertexte, lui, pratiquerait plutôt la plongée sous-marine. Il se met à l'eau, il se faufile entre les récifs et les coraux, il est en chasse. Car parcourir un hypertexte, c'est être partie prenante d'un système qui se reconfigure à chaque déplacement, un système mouvant dont on n'a jamais de vue globale mais seulement une vue locale. À chaque mouvement se découvre un nouveau paysage, de nouvelles perspectives, de nouvelles invitations à poursuivre le voyage.

Ce parcours peut être considéré comme une forme d'énonciation[17], cette lecture du paysage est aussi une forme d'écriture. Dans la préface de son livre *S/Z*, Roland Barthes parle des textes *scriptibles* par opposition aux textes *lisibles* que sont pour lui les textes classiques. L'hypertexte est scriptible, non pas seulement au sens premier d'un dispositif permettant au lecteur d'y inscrire ses annotations, comme c'était l'habitude au Moyen Âge par exemple, mais par le fait que son parcours en lui-même est une forme d'écriture. La scriptibilité de l'hypertexte tient au fait qu'il constitue une sorte d'avant-texte, un amont de l'écriture, un énoncé à mi-chemin entre le jaillissement de la pensée informulée et la rigidité du discours constitué. Prendre en compte la complexité, c'est aussi renoncer à mettre en discours la pensée. Car toute mise en discours tend à réduire la multiplicité des significations dans une organisation rhétorique simplificatrice. Le livre classique est l'aboutissement, la forme achevée de ce processus de simplification. Pour certains penseurs modernes, cette forme est désormais stérile. C'est ainsi que Deleuze et Guattari, dans *Mille Plateaux*, parlent du «livre-racine»:

> L'arbre est déjà l'image du monde, ou bien la racine est l'image de l'arbre-monde. C'est le livre classique, comme belle intériorité organique, signifiante et subjective [...] La loi du livre, c'est celle de la réflexion, le Un qui devient deux [...] Un devient deux: chaque fois que nous rencontrons cette formule [...] nous nous trouvons devant la pensée la plus classique et la plus réfléchie, la plus vieille, la plus fatiguée[18].

Cette «formule» dont veulent nous libérer Deleuze et Guattari, c'est celle de Descartes, c'est celle du paradigme de la simplification.

Le livre-racine est aussi ce à quoi déclarait renoncer Ludwig Wittgenstein en 1945 dans sa préface aux *Investigations philosophiques*:

> Toutes ces pensées je ne les ai rédigées qu'en tant que remarques, en de brefs paragraphes. Tantôt sous forme de longs enchaînements sur le même objet, tantôt sous forme de transitions rapides d'un domaine à l'autre. Mon intention, dès le début, était de rassembler tout ceci en un volume, dont je me faisais, à différentes époques, différentes représentations quant

---

17. Jean Clément, «Du texte à l'hypertexte: vers une épistémologie de la discursivité hypertextuelle», dans *Hypertextes et hypermédias, réalisations, outils et méthodes*, actes du colloque réunis par Jean-Pierre Balpe, Alain Lelu et Imad Saleh, Paris, Hermès, 1995.

18. Gilles Deleuze et Félix Guattari, *Mille plateaux*, Paris, Minuit, 1980, p. 11.

à la forme qu'il prendrait. Il me paraissait cependant essentiel que les pensées y dussent progresser d'un objet à l'autre en une suite naturelle et sans lacune.

Après maintes tentatives avortées pour condenser les résultats de mes recherches en pareil ensemble, je compris que ceci ne devait jamais me réussir. Que les meilleurs choses que je pusse écrire ne resteraient toujours que des remarques philosophiques ; que mes pensées se paralysaient dès que j'essayais de leur imprimer de force une direction déterminée, à l'encontre de leur pente naturelle. — Ce qui tenait sans doute étroitement à la nature de l'investigation même. Elle nous oblige, en effet, à explorer en tous sens un vaste domaine de pensées. Les remarques philosophiques de ce livre sont pour ainsi dire autant d'esquisses de paysages nées au cours de ces longs voyages faits de mille détours.

Les mêmes points, ou presque les mêmes, n'ont pas cessé d'être approchés par des voies venant de différentes directions, donnant lieu à des images toujours nouvelles. Une quantité innombrable de ces esquisses étaient manquées ou dépourvues de caractère, trahissant toutes les maladresses d'un médiocre dessinateur. Et dès qu'on éliminait ces dernières, il en restait un certain nombre, à demi réussies, qu'il s'agissait désormais d'arranger et de retoucher souvent pour qu'elles suggérassent au contemplateur un tableau de paysage. Ainsi ce livre ne constitue en réalité qu'un album[19].

Littérature et cybernétique

Ni Deleuze ni encore moins Wittgenstein ne connaissaient les possibilités technologiques de l'hypertexte, mais leurs écritures, en quelque sorte, postulaient son avènement. D'ailleurs, comme on pouvait s'y attendre, les *Investigations philosophiques* ont déjà fait l'objet de plusieurs tentatives d'hypertextualisation. Car pour qu'une écriture fragmentaire comme celle de Wittgenstein (ou comme celle d'autres écrivains, je pense à Nietzsche en particulier) puisse être autre chose qu'une collection de fragments ou d'aphorismes, il faut qu'un dispositif matériel en instrumentalise les lectures plurielles. C'est en quoi l'hypertexte ne peut se concevoir que dans le cadre de la cybernétique. Certes, on objectera que le principe de la rétroaction dans la transmission de l'information peut s'appliquer à la lecture d'un texte classique. Dans la lecture d'un roman, par exemple, le lecteur réévalue constamment ce qu'il a lu en fonction de ce qu'il est en train de lire tandis qu'il projette ce qu'il a déjà lu sur ce qu'il va lire. Autrement dit, le contexte de sa lecture est essentiellement changeant et il varie d'un lecteur à

---

19. Ludwig Wittgenstein, *Tractatus logico-philosophicus*, suivi de *Investigations philosophiques*, Paris, Gallimard, 1961, p. 111-112.

l'autre. Ce qui fait la spécificité de l'hypertexte, c'est que cette versati-
lité du contexte n'est pas le seul fait de l'activité de lecture. Il est le
résultat de l'activation ou de la non-activation de liens hypertextuels
qui font varier non pas seulement les lectures, mais le texte à lire lui-
même. Ce qui est en jeu ici ne relève donc pas seulement d'une activité
purement interprétative ou noématique, mais de l'activation d'un dispositif physique qui conditionne l'apparition des fragments successifs
et constitue ainsi le contexte dans lequel ils se donnent à lire. Il n'est
pas nécessaire que ce dispositif soit informatisé et Espen Aarseth[20] propose d'appeler cybertexte tout texte dont la constitution nécessite une
opération physique de la part de l'utilisateur. Du *Yi King*[21] aux *Cent mille
milliards de poèmes* de Raymond Queneau[22], du jeu d'aventure aux
hyperfictions, la cyberlittérature constitue ainsi une vaste famille dans
laquelle l'hypertexte occupe une place privilégiée.

L'hypertexte : entre entropie et néguentropie

On reproche souvent à l'hypertexte d'abandonner la mise en ordre et
en discours structuré de l'information au profit d'une simple collection
de documents mis bout à bout, de déconstruire le récit linéaire au profit d'une esthétique du fragment où disparaît le plaisir du lecteur, bref
de produire du désordonné et de l'informe quand le livre au contraire
contribuait à construire du sens.

Je voudrais revenir sur ces objections à la lumière des concepts
d'entropie et de néguentropie évoqués plus haut. Si l'entropie est la
mesure de l'ignorance où nous sommes de l'état d'un système et la
néguentropie l'information résultante de sa transformation, on peut
dire que c'est le parcours de l'hypertexte qui, procédant par sélection, est
producteur d'information. Je propose de distinguer plusieurs moments
et plusieurs types d'opération dans ce processus de transformation.

Premier cas : l'information se trouve sous la forme d'une simple collection, ordonnée ou non, de documents. Le fait de poser des liens sur
cet ensemble documentaire va réduire l'entropie en faisant naître de
nouvelles informations. C'est ce que traduit bien la métaphore du jardi-
nage (*gardening*) introduite par Cathy Marchal et développée par Mark

20. Espen J. Aarseth, *Cybertext, Perspectives on Ergodic Literature*, Baltimore, Johns Hopkins University Press, 1997.

21. François Julien, *Figures de l'immanence, pour une lecture philosophique du Yi King*,
Paris, Grasset, 1993.

22. Raymond Queneau, *Cent mille milliards de poèmes*, Paris, Gallimard, 1961.

Bernstein[23]. La structuration hypertextuelle fait «pousser» l'information. Mais le fait de poser des liens n'épuise pas la création d'information. Car l'ordre dans lequel ils seront suivis échappe d'autant plus à leur auteur qu'ils sont multiples et nombreux. Chaque parcours individuel devient à son tour créateur d'information. Un exemple littéraire me permettra d'illustrer ce processus. En 1965, Marc Saporta publie un roman intitulé *Composition* n^o *1* dont les 150 pages ne sont ni reliées ni numérotées. L'auteur en propose le mode d'emploi suivant :

> Le lecteur est prié de battre ces pages comme un jeu de cartes. De couper, s'il le désire, de la main gauche, comme chez une cartomancienne. L'ordre dans lequel les feuillets sortiront du jeu orientera le destin de X. Car le temps et l'ordre des événements règlent la vie plus que la nature de ces événements. [...]
> De l'enchaînement des circonstances, dépend que l'histoire finisse bien ou mal. Une vie se compose d'éléments multiples. Mais le nombre des compositions possibles est infini[24].

Ici, c'est chaque lecture qui produit une histoire différente.

Prenons maintenant un autre exemple : *April March*, qualifié par Borges dans son texte «Examen de la nouvelle d'Herbert Quain» de «roman ramifié régressif[25]». Dans ce cas, les treize chapitres peuvent engendrer neuf récits différents. Mais il serait impropre de qualifier ce dispositif d'hypertextuel dans la mesure ou l'information produite par ces neufs «lectures» était déjà totalement produite par l'auteur, à la différence de l'exemple précédent. Car pour qu'il y ait production d'information, il faut que celle-ci ne soit que virtuelle au moment de la conception de l'hypertexte.

Systèmes clos, systèmes ouverts

La notion de système va nous permettre d'aller plus loin dans la spécification de l'hypertexte. La biologie et l'écologie nous ont appris que les systèmes vivants entretenaient entre eux des relations d'interdépendance en dehors desquelles ils ne sauraient être expliqués. Le système ouvert est à l'origine une notion de thermodynamique. Un système ouvert est un système dont l'existence et la structure dépendent d'une alimentation extérieure (comme la flamme d'une bougie ou les remous

23. Mark Bernstein, «Enactement in Information Farming», dans *Hypertext'93 Proceedings*, Seattle, ACM Press, nov. 1993.

24. Marc Saporta, *Composition n° 1*, Paris, Seuil, 1965.

25. Jorge Luis Borges, «Examen de la nouvelle d'Herbert Quain», dans *Fictions*, Paris, Gallimard, 1983, p. 104.

d'un fleuve autour de la pile d'un pont). Dans le cas des systèmes vivants, cette alimentation est non seulement matérielle/énergétique, mais elle est aussi organisationnelle/informationnelle. De ce dernier point de vue, l'hypertexte est un système ouvert. On pourrait, bien entendu, dire la même chose de tout texte, comme le suggère le titre du livre d'Umberto Eco, *L'œuvre ouverte*. Le texte est un système de signes qui, contrairement à ce qu'ont pu en dire les théoriciens structuralistes, n'est pas clos. Le travail d'Umberto Eco, comme celui de Roland Barthes, a été de mettre en évidence cette ouverture. Un texte comme système ne peut exister que par son interprétation par un autre système. Ce travail d'interprétation est celui du lecteur. En replaçant l'hypertexte dans cette perspective, je dirai que l'ouverture de l'hypertexte comme système est plus forte que celle d'un texte ordinaire. Il faut ici introduire une distinction entre les deux genres proches que sont la littérature combinatoire et la littérature hypertextuelle proprement dite. Les *Cent mille milliards de poèmes* de Raymond Queneau[26] appartiennent à la première catégorie, *Afternoon : a Story* de Michael Joyce[27], à la seconde. La différence entre les deux tient au fait que Raymond Queneau a conçu son dispositif pour produire des textes finis, dont la structure est toujours la même (le sonnet) et dont les éléments appartiennent à des séries qui leur assignent une place fixe dans le texte (le premier vers est toujours choisi parmi les dix premiers vers possibles, jamais parmi les autres séries). Il en résulte une cohérence dans l'énoncé qui n'exclut pas les surprises mais qui ne s'en remet au lecteur que pour la lecture et l'interprétation. Dans *Afternoon*, les fragments peuvent être lus dans des ordres divers et variables qui obligent le lecteur à produire un contexte interprétatif qui en retour détermine le choix des liens qu'il active et qui déclenchent la suite du texte. L'interaction entre le système de l'hypertexte et celui du lecteur est ici productrice de l'énoncé lui-même.

Bifurcation et non-linéarité des systèmes hypertextuels

Je voudrais pour terminer évoquer deux concepts qui appartiennent à la théorie du chaos et qui peuvent éclairer la théorie de l'hypertexte : ce sont les concepts de bifurcation et de non-linéarité. La bifurcation est le phénomène qui apparaît quand on trace les courbes d'évolution de

26. Raymond Queneau, *op. cit.*
27. Michael Joyce, *Afternoon : a Story*, Cambridge, Eastgate Systems, 1987.

deux systèmes en transformation dont les conditions initiales sont très proches. À un moment donné, les courbes se séparent et on observe une bifurcation inattendue. La non-linéarité caractérise les phénomènes sujets à rétroaction et pour lesquels il est souvent impossible de prévoir un comportement. En mathématiques, la plupart des équations non linéaires n'ont pas de solution. Il n'est sans doute pas indifférent qu'un écrivain comme Jacques Roubaud, qui est aussi professeur de mathématiques à l'université, ait sous-titré son livre *Le grand incendie de Londres* : « Récit avec bifurcations et incises », reprenant ainsi le projet qu'avait énoncé avant lui Paul Valéry :

> Peut-être serait-il intéressant de faire une fois une œuvre qui montrerait à chacun de ses nœuds, la diversité qui s'y peut présenter à l'esprit, et parmi laquelle il choisit la suite unique qui sera donnée dans le texte. Ce serait là substituer à l'illusion d'une détermination unique et imitatrice du réel celle du possible-à-chaque-instant, qui me semble plus véritable[28].

Cette rupture de la linéarité est une des caractéristiques de l'hypertexte narratif ou discursif. Il ne faut pas la confondre avec la multilinéarité des récits dans les « livres-dont-vous-êtes-le héros ». La non-linéarité est un facteur de désordre narratif qui contrevient gravement aux principes énoncés par Aristote dans sa poétique, notamment en remettant en cause les notions de début et de fin. Comme les équations non linéaires sans solution des systèmes chaotiques, elle suspend indéfiniment la « résolution » du récit.

Une esthétique fractale

Il existe dans la théorie du chaos au moins un domaine dans lequel réapparaît le concept d'ordre, c'est celui des fractales. L'étude des fractales a mis en évidence la notion d'échelle dans l'étude des formes et la mesure des objets naturels. Si l'on entreprend de mesurer la longueur des côtes de Bretagne, par exemple, on obtiendra des résultats complètement différents selon l'échelle utilisée. Plus cette échelle est petite, plus la longueur s'accroît, potentiellement jusqu'à l'infini. Pour résoudre cette difficulté, Mandelbrot a proposé de passer d'une mesure quantitative à une sorte de mesure qualitative fondée sur les échelles : la dimension fractale. De plus, Mandelbrot a montré comment on retrouve dans un système donné les mêmes caractéristiques à des

---

28. Paul Valéry, « Fragments des mémoires d'un poème », dans *Œuvres*, tome I, Paris, Gallimard, « Bibliothèque de la Pléiade », 1975, p. 1467.

échelles différentes (par exemple, les fluctuations annuelles de la Bourse se retrouvent dans ses fluctuations journalières). Par analogie, on pourrait dire que toute la littérature est fractale dans la mesure où le travail de la « littérarité » (la mise en littérature) consiste précisément à faire apparaître la forme générale de l'œuvre dans chacune de ses composantes. Jean Ricardou[29] a montré à propos du Nouveau Roman que plus un récit s'éloignait de l'illusion référentielle (les rapports de vraisemblance) plus il devait renforcer l'illusion littérale (les rapports de ressemblance). L'hypertexte littéraire relève plus que toute autre littérature d'une esthétique de la fractalité : privé de la vraisemblance par la difficulté de maintenir une ligne de récit à visée téléologique dans un dispositif non linéaire, il est condamné à multiplier les signes de ressemblance. Chaque fragment de l'hypertexte renvoie non pas à la fin du texte (l'hypertexte, parce qu'il est non linéaire, ne connaît pas de fin) mais à la figure de sa totalité.

Il est difficile aujourd'hui de prédire si l'hypertexte sera l'avenir du texte ou plus simplement l'avenir du livre. Personnellement, je pense que non, pour deux raisons essentielles. La première tient à notre rapport au récit : « Il n'y a pas, il n'a jamais eu nulle part aucun peuple sans récit », écrit Roland Barthes. Le récit est pour nous ce qui dénoue la complexité du monde et le remet en ordre (même si ce qu'il raconte est très compliqué comme c'est le cas dans le roman). L'hypertexte de fiction contrevient trop à ce besoin pour s'imposer un jour comme un genre majeur. La deuxième raison découle de la première : nous ne sommes pas prêts d'abandonner notre faculté à remettre de l'ordre dans le désordre et simplifier ce qui nous paraît trop compliqué. Pourtant, il n'est plus possible d'ignorer que le monde dans lequel nous vivons se révèle de plus en plus complexe au fur et à mesure que nous le comprenons mieux, que dans sa volonté de mise en ordre, la pensée déterministe a échoué à rendre compte du réel, que le sujet pensant ne saurait désormais être dissocié des phénomènes qu'il observe et cherche à comprendre. C'est ce nouveau paradigme de la connaissance que l'hypertexte cherche à instrumentaliser, c'est cette complexité qu'il tente d'apprivoiser. Qu'il soit fictionnel ou documentaire, source de connaissance ou générateur d'imaginaire, l'hypertexte est ainsi devenu la figure incontournable de notre modernité.

29. Jean Ricardou, *Le Nouveau Roman*, Paris, Seuil, 1973.

Textes, corpus littéraires et nouveaux médias électroniques :
quelques notes pour une histoire élargie de la littérature

CHRISTIAN ALLÈGRE

Si les historiens et les critiques désirent un jour bâtir une image concrète et précise de ce qui est arrivé aux études littéraires au début du XXIᵉ siècle sous la pression des nouveaux médias électroniques, des réseaux de télécommunication globaux et devant le développement très rapide de la cybersphère, ils auront à examiner la médiation technique de nos textes, de nos corpus, et de nos instruments de travail (manuels, anthologies, recueils, dictionnaires, encyclopédies, etc.) et ils ne manqueront pas de remarquer qu'au sein des communautés spécialisées, les technologies auront dicté le choix des textes autant que le choix des textes aura dicté le recours à certaines technologies. Dans ce qui suit, je rappelle pourquoi cela est inévitable, comment a été pensée la médiation technique jusqu'ici et je suggère qu'une approche riche et prometteuse pour la comprendre pourrait consister en un élargissement des objets traditionnels de l'histoire littéraire, pour inclure ce que je nomme la *médiatisation* des textes par les nouveaux médias électroniques. À cette fin, je propose que nous nous inspirions des méthodes pratiquées dans les recherches en sociologie des sciences et de la technologie, en particulier de leur méthode systémique d'explication de l'émergence ou du succès des technologies par la « construction » institutionnelle et sociale et les rapports entre groupes d'intérêts.

Ce travail tente d'établir quelques jalons d'une vue de la littérature comme acte de communication. C'est le premier d'une réflexion en cours et d'un essai plus large à venir sur les études littéraires et l'enseignement de la littérature dans la société en réseaux.

@

Il y a quelque trente-cinq ans, au début des années 1960, l'idée s'imposa à quelques chercheurs que la culture pouvait être considérée et devait être étudiée comme un système d'actes de communication et de transmission, et que conséquemment les moyens utilisés pour effectuer ces communications et transmissions méritaient toute notre attention, dans la mesure où la teneur d'un message dépend, en partie au moins, du médium utilisé pour la transmission. Un professeur d'histoire grecque, Eric A. Havelock (Havelock, 1994)[1] voulut vérifier cette hypothèse dans le cas de la Grèce ancienne et ses travaux montrèrent comment l'adoption, à partir du viiie siècle av. J.-C., d'un système d'écriture radicalement nouveau mettant (potentiellement) la lecture à portée de tous, entraîna à terme l'apparition de deux nouveaux types de discours : celui de l'«histoire» et celui de la «philosophie», lesquels s'imposèrent en s'opposant à la poésie qui, jusque-là, avait réussi à garder le monopole dans le domaine de la transmission du mémorable. Havelock était arrivé à cette conclusion au terme de longues et patientes études ; il s'était appuyé sur ses prédécesseurs et en particulier sur l'article déclencheur de Milman Parry sur Homère, publié en français (Parry, 1928), où celui-ci avait démontré le caractère oral et improvisationnel des formules homériques.

À peu près au même moment, un autre professeur, de littérature anglaise, celui-là, spécialiste de Joyce, découvrait l'œuvre d'un des plus remarquables historiens canadiens, Harold A. Innis, qui avait publié en 1949 une étude intitulée *The Press, a Neglected Factor in the Economic History of the Twentieth Century* (Innis, 1949), puis proposé l'idée alors neuve de l'importance des médias dans la construction des empires (Innis, 1950) et celle, non moins neuve, que l'imprimé avait été l'une des principales causes de troubles internationaux et de mécompréhensions depuis le xvie siècle (Innis, 1951). Il avait pris connaissance aussi du grand-œuvre de Walter Ong sur Pierre de la Ramée (Ong, 1958). C'est de ces lectures que Marshall McLuhan, puisque c'est de lui qu'il s'agit, tira sa *Galaxie Gutenberg* en 1962, appelée au succès qu'on sait, puis *Pour comprendre les médias* en 1964. Dans sa thèse de doctorat, *The Mechanical Bride : Folklore of Industrial Man*, McLuhan avait montré, d'où sa réceptivité aux idées de Harold Innis et de Walter Ong, à partir d'une profu-

---

1. À cause de l'aspect «répertoire» de cet article, nous avons cru pertinent d'utiliser le système de notes à l'américaine lorsqu'il s'agit de références qui se retrouvent dans la bibliographie qui suit (NDLR).

sion d'exemples puisés dans la culture de masse, comment, même dans une société démocratique, l'opinion publique est manipulée par l'industrie et la publicité.

Les universitaires sont de deux sortes : il y a les défricheurs et il y a les chercheurs. McLuhan était un littéraire, et de la première sorte, un découvreur. Elizabeth Eisenstein, qui entreprit, dans les années 1970, de reprendre le sujet de *La galaxie Gutenberg* à nouveaux frais pour examiner comment l'imprimerie, en tant qu'instrument de communication, avait été un agent de changement (Eisenstein, 1979), fut ce chercheur qui, là où McLuhan était demeuré métaphorique et abstrait, apporta une moisson de preuves historiques concrètes. Eisenstein, qui s'appuyait sur l'œuvre maîtresse que, dès 1953, Lucien Febvre avait commandée à Henri-Jean Martin (Febvre & Martin, 1958), dit non sans morgue dans la bibliographie de la version abrégée de son grand ouvrage (Eisenstein, 1983 ; trad. fr. 1991) que *La galaxie Gutenberg* est une « mosaïque bizarre » de citations destinées à stimuler la réflexion sur les effets de l'imprimerie. Et c'est exactement ce que ce livre fit, mais il le fit une fois pour toutes.

McLuhan mourut en 1980 et les années 1980, tout en faisant le lent apprentissage de la micro-informatique, s'empressèrent d'enterrer sous le silence et les accusations de « laxisme[2] » ce trouble-fête, ce provocateur, cet « explorateur » comme il se nommait lui-même, qui eut le culot de faire entrer de force la culture populaire dans la culture tout court. Loin cependant d'être oublié, le nom de McLuhan revient en force depuis quelques années au point que je ne connais guère de livre récent publié depuis 1992 sur l'avenir de la culture à l'ère numérique et des nouveaux médias électroniques qui ne le cite. C'est là où nous en sommes. Nos médias ont une histoire technique et culturelle, qui est liée à l'histoire des textes, des œuvres et de nos objets de recherche traditionnels.

@

Pourquoi ce retour à McLuhan ? C'est, je crois, que la vieille et efficace formule de *Pour comprendre les médias*, « Le message est le médium » (ou l'inverse), nous hante[3]. Tout autour de nous, il n'est question que des

2. La dernière vient de Régis Debray, qui lui doit tant : « Histoire des quatre M », *Cahiers de médiologie*, n° 6, 1998, p. 13.

3. C'est au point que *HardWired*, branche « médias traditionnels » de *Wired Ventures Inc.*, éditeur de *Wired*, jusqu'à récemment le magazine phare de la cyberculture en Amérique du Nord a réédité en 1996 *The Medium is the Message : An Inventory of Effects* (1966), le

réseaux électroniques et de leurs promesses, de multimédia, d'hyper-
média ; les oreilles nous bourdonnent de nouvelles technologies de
l'information et de la communication, l'atmosphère bruit de l'accumulation et du mélange des nouveaux médias, de toutes sortes de remédiatisations d'objets culturels que nous croyions stables ; nous sommes
inquiets et voudrions bien savoir quelle sorte d'environnement ces
nouveaux médias vont nous modeler, puisque nous savons que c'est
inévitable, et ce qui va rester de la République des lettres que l'imprimerie a rendue possible et nous a léguée, et qui est au cœur de nos
activités et de notre vie. Nous aimerions savoir comment nous allons
travailler dans l'environnement de plus en plus médiatisé qui semble
être la seule avenue devant nous. Nous savons que lentement mais
sûrement ces nouveaux médias agissent, mais nous n'avons guère
d'instruments pour mesurer leurs effets. Ce terme de «médium», sous
lequel McLuhan rassemblait à la fois procédé de symbolisation, code
de communication, support matériel d'inscription et de stockage, et
dispositif d'enregistrement et de diffusion, est un terme très riche,
beaucoup trop riche. Il n'en reste pas moins que nous comprenons que
les technologies ne sont pas des canaux inertes, mais des processus
actifs, et que leur influence, pour imperceptible qu'elle est, est déterminante. La fameuse phrase lancée par Valéry en 1919 : «Nous autres,
civilisations, nous savons maintenant que nous sommes mortelles», a
un pendant aujourd'hui qui pourrait être : « Nous autres civilisations de
la fin du xxᵉ siècle, nous savons maintenant que nous sommes modela-
bles par nos technologies.»

Notre grande affaire, à nous autres littéraires ou chercheurs dans le
domaine des humanités, quelquefois dans celui des sciences humaines,
est d'exercer des pouvoirs d'analyse et de synthèse sur des textes, des
corpus de textes et des connaissances connexes qui nous parviennent
nécessairement médiatisés (qui n'existent pas, à proprement parler, in-
dépendamment de leurs médias de transmission), et de transmettre ou
retransmettre à notre tour. Nous devrions donc, en bonne logique,
être intéressés au premier chef par les divers agents médiateurs de ces
connaissances (dont nous faisons partie nous-mêmes, ainsi que nos ins-

fameux petit livre «produit», c'est-à-dire mis en scène par Jerome Agel, à partir de décla-
rations de McLuhan, et dont la mise en page par Quentin Fiore fit école dans les arts
graphiques au tournant des années 1970.

titutions, mais à un autre niveau). Or, pour nous en tenir aux aspects matériels et techniques, qui sont ce qui m'intéresse ici, il apparaît plutôt que nous ayons confié la tâche de penser la médiation de nos objets de recherche à des spécialités et qu'elle se soit divisée en une multiplicité de branches du savoir auxquelles nous déléguons de nous renseigner. Certains s'intéressent au procédé de symbolisation (parole, écriture, image, son, forme numérique), d'autres au code social de communication (la langue), d'autres encore au support matériel d'inscription et de stockage (pierre, argile, papyrus, parchemin, papier, bande ou disque magnétique, écran ; et par suite rouleau, tablette, codex, livre, etc.) ; d'autres enfin au dispositif d'enregistrement, et de diffusion (manuscrit, imprimé, photo, télévision, informatique). Tout ce qu'on a accusé McLuhan de confondre. On aura vite fait en lisant ces mots de plaquer automatiquement les noms des sciences correspondantes qui parcellisent ce savoir de la médiation technique et que nous aurions fort à faire de rassembler. Aussi bien un tel effort n'est-il pas nécessaire. La médiation en elle-même n'est pas ce qu'il y a à comprendre. La médiation est le mode d'apparition[4], et en tant que telle appartient à la métaphysique. Ce qui nous importe plutôt, c'est la *remédiation*, et la *remédiation* comme l'un des aspects du processus de constitution sociale des artefacts textuels.

La médiation matérielle est bien réelle, générale et inévitable, mais elle n'a rien à nous révéler, en quelque sorte, sinon qu'elle est toujours remédiation, puisque tout acte de médiation dépend d'autres actes de médiation[5]. Mais cette opération de la remédiation, qui s'effectue concrètement lors des opérations de transfert des contenus vers d'autres supports, opération de translation-traduction-conversion[6] vers de nouveaux médiums, c'est-à-dire qui s'opère lors des changements de médias (autrement dit des remédiatisations), à savoir des opérations techniques bien pratiques et bien réelles, cette remédiation donc ne

4. On sait que Heidegger a défini la technique comme dévoilement « pro-ducteur », comme « pro-vocation » (*Heraus-fordern*) « interpellant », « ar-raisonnant » (*stellen*) la nature qui en se dévoilant est « commise » (*Ge-stell*) comme fonds. (« La question de la technique », dans *Essais et conférences*, Paris, Gallimard, 1958).

5. C'est précisément ce que Heidegger ne voit pas, pris qu'il est dans l'orbe de la métaphysique du *Gestell*, qui ne nous apprend rien sur l'instrumentalité à l'œuvre dans la médiation. Le texte récent le plus au point sur la médiation technique est dû à Bruno Latour : « On Technical Mediation : Philosophy, Sociology, Genealogy », *Common Knowledge*, vol. III, n° 2, automne 1994, p. 29-64.

6. En écrivant « translation-traduction-conversion », je désire laisser à penser que cette opération est parente de la traduction telle que Michel Serres l'entend dans *Hermès III : la traduction* (Paris, Minuit, 1974).

(re)produit jamais que le réel. De par ce fait, elle est capable aussi de le reformer, de le modeler, de l'orienter, par le jeu des contraintes techniques, à chacune des remédiatisations, celles-ci étant de plus opérées par des agents et des groupes sociaux avec leurs intérêts propres et leurs buts. C'est peut-être ce qui inquiète Régis Debray et motive ses recherches sur la médiologie[7]. C'est pourquoi en tous cas il est intéressant d'étudier le changement technologique d'un point de vue écosystémique. La question de la remédiation a été longuement traitée dans un article cosigné par Jay David Bolter et Richard Grusin (Bolter & Grusin, 1996), que ces auteurs ont développé en un livre complet qui porte ce titre : *Remediation* (Bolter & Grusin, 1999).

Pour un littéraire cependant, la question générale de la remédiation, c'est-à-dire finalement de la transmission d'un texte, d'un corpus, n'a rien de bien nouveau. Gustave Lanson nous a fait la leçon il y a un siècle : cela fait partie de la tâche de l'histoire littéraire que d'examiner le devenir des textes, que d'expliquer, outre le texte lui-même et sa « fabrique », comment un groupe choisit, consacre et se sert de ce texte, l'étudie, le fétichise ou non, le remédiatise de diverses façons, et le transmet à son tour, etc. C'est le travail de l'historien. L'histoire littéraire comprend non seulement l'histoire des textes et l'analyse des œuvres, mais aussi l'évolution propre à une époque entre héritage du passé et innovation, celle de ses lectures, celle de sa critique, et la vie littéraire, c'est-à-dire les formes de sociabilité, les lieux et modes d'enseignement et de transfert, les lieux et les instances de consécration, les structures et les stratégies de diffusion, les institutions et les avant-gardes politico-littéraires, leurs guerres, leurs pactes, leurs rapports, et l'aventure des myriades d'invididus et de groupes sociaux qui gravitent autour, s'en nourrissent, y contribuent, et la font évoluer. Il suffit donc d'élargir un tant soit peu nos méthodes d'historiens de la littérature pour inclure la construction sociale de ces nouveaux artefacts techniques que sont les textes électroniques, les CD-ROM, les DVD et les pages Web. Cette façon de travailler n'est pas sans exemples : elle s'inspire de la méthode employée par Michel Serres dans la série *Hermès* (1969-1976), dans *Feux et signaux de brume* (1975), dans *Le parasite* (1980), dans *Genèse* (1982), entre autres. Les nouveaux historiens et sociologues des sciences et de la technologie, comme Isabelle Stengers, comme surtout Bruno Latour, ne travaillent pas autrement. Autour du phénomène

---

7. Voir notamment *Le pouvoir intellectuel en France* (Paris, Ramsay, 1979 ; coll. « Folio essais », 1986), en particulier « Éléments pour une histoire littéraire » (p. 93-203) et *Transmettre* (Paris, Odile Jacob, 1997).

technique, ils reconstruisent le contexte entier d'émergence. Latour écrit par exemple : « lorsque je décris la domestication des microbes par Pasteur, c'est la société du XIXe que je mobilise et pas seulement la sémiotique des textes d'un grand homme ; lorsque je décris l'invention-découverte des peptides du cerveau, je parle bien des peptides eux-mêmes et non pas simplement de leur représentation au laboratoire du professeur Guillemin. Pourtant, il s'agit bien de rhétorique, de stratégie textuelle, d'écriture, de mise en scène, de sémiotique, mais d'une forme nouvelle qui embraie à la fois sur la nature des choses et sur le contexte social, sans se réduire pourtant ni à l'une ni à l'autre[8]. » La méthode décrite ici par Latour n'est-elle pas la méthode même de l'histoire littéraire ? En s'adjugeant l'histoire matérielle et la technologie en plus de ses domaines traditionnels, l'histoire littéraire ainsi conçue propose peut-être une conception un peu impériale de son rôle, mais elle se donne les moyens de comprendre adéquatement l'émergence et le statut des objets qu'elle étudie, qui sont son domaine propre[9].

Il ne s'agit pas de déterminisme technologique, lorsque nous disons aujourd'hui que l'imprimerie comme technologie, que le livre comme médium de communication, ont rendu possibles les institutions par lesquelles nous vivons encore aujourd'hui, et qu'ils ont façonné notre univers mental. Les formes d'appropriation et de lecture, d'écriture, la notion d'auteur courante ou discutée aujourd'hui ont toutes leur généalogie ancrée dans la galaxie Gutenberg. Les livres sont cependant moins notre patrimoine que les textes qu'ils renferment. Or ces textes sont l'objet, à l'heure actuelle, d'une *remédiatisation* qui avance très vite. En généralisant rapidement, on pourrait dire que nos plus anciens textes sont passés du rouleau au *codex*, du *codex* au livre, au livre de poche, à la bande son ou vidéo ; ils passent maintenant au CD-ROM, au DVD, à la page Web, leur existence devient numérique. L'édition électronique est un domaine d'activité florissant et en plein essor. Quelques exemples suffiront à le montrer. Du côté des outils de travail, les Presses de l'Université Johns Hopkins publient *The Johns Hopkins Guide to Literary Theory & Criticism*[10] sur le Web, et il est expliqué expressément

8. Bruno Latour, *Nous n'avons jamais été modernes. Essai d'anthropologie symétrique*, Paris, La Découverte, 1997, p. 12-13.

9. C'est d'ailleurs une conception et une méthode dans la droite ligne de l'École des Annales.

10. *The Johns Hopkins Guide to Literary Theory & Criticism*, édité par Michael Groden et Martin Kreiswirth, http://www.press.jhu.edu/books/hopkins_guide_to_literary_theory/ :

dès la page d'abonnement qu'au contraire d'un livre, ce service en ligne permettra les mises à jour, les ajouts, les refaçonnages périodiques, etc. Du côté des corpus, Chrétien de Troyes existe encodé en SGML (TEI) à l'Université Princeton (le projet *Charrette*) ; tout Rabelais, tout Montaigne sont offerts par les éditions Slatkine-Champion sous forme de CD-ROM, Montaigne en coédition avec *Bibliopolis*, le pionnier de l'édition électronique française[11], éditeur, entre autres, du *Corpus des œuvres de philosophie en langue française*, qui paraît imprimé chez Fayard ; Chadwick-Healey offre un Voltaire électronique qui contient tous les volumes parus de l'édition d'Oxford en cours, plus l'édition Moland de tous les autres ; le très riche catalogue de cette maison, qui a pris beaucoup d'avance dans le domaine de l'édition électronique, contient aussi l'édition de Weimar des *Œuvres* de Goethe, les *Œuvres* de Schiller et de très nombreux titres des littératures anglo-américaines. Au début de 1997, cette compagnie lança le site «Literature Online», ressource remarquable de 350 000 œuvres littéraires en langue anglaise et américaine[12]. Le site, les études et les décisions qui ont mené à sa réalisation ont été décrits récemment dans un numéro spécial de la revue *Computers and the Humanities* sur l'édition électronique (Hall, 1998) ; il s'agit d'un maillage très astucieux et très puissant de CD-ROM qui étaient disponibles et consultables antérieurement, tous de très haute qualité, et le site Web contient en plus non seulement des outils de recherche et de navigation, mais des ouvrages de référence d'époque. C'est réellement une ressource unique en son genre[13]. Le tout est encodé en

« *In contrast to a book,* The Johns Hopkins Guide to Literary Theory & Criticism Online *will have frequent modifications and updates. New images, new information, and new user tools will be continuously integrated into the online publication. Consequently, a subscription to the resource provides an uncomplicated mechanism for access, both for individuals and institutions.* »

11. On peut se faire une idée de l'amplification récente de la remédiatisation en cours en visitant le site Web de *Librissimo.com*, librairie en ligne regroupant les éditeurs électroniques *Bibliopolis* (fournisseurs de la Bibliothèque nationale de France et de l'Agence bibliographique de l'enseignement supérieur) et sa branche littéraire, le *Catalogue des lettres*. Les textes publicitaires sont explicites, qu'on en juge : « Le Catalogue des lettres est une maison d'édition qui s'est donné pour objectif de porter au format électronique l'ensemble des humanités françaises des origines à 1920, en organisant ses publications autour des thèmes, des écoles et des courants qui ont traversé l'histoire de notre culture. » (http://www.librissimo.com/).

12. Voir l'éloquente page de publicité pour *Literature Online* dans les *Publications of the Modern Language Association (PMLA)*, vol. CXIV, n° 2, mars 1999, p. 295.

13. *Literature Online* aura, semble-t-il son pendant français, puisqu'on lit, toujours sur le site de *Librissimo.com* : « Fortement engagés dans la remise à disposition du patrimoine écrit, *Bibliopolis* et le *Catalogue des lettres* ont mis en œuvre une série de projets visant tous à faciliter l'accès de tous les publics à ce patrimoine. C'est ainsi qu'à côté de *Librissimo.com*, le groupe développe un serveur pédagogique de littérature à destination des professeurs et élèves de l'enseignement secondaire et supérieur, nommé *LiLi* (Littérature en ligne)… »

SGML[14], la *lingua franca* de l'édition électronique scientifique, c'est-à-dire que les textes sont encodés, ou si l'on préfère «décrits», de façon à la fois précise et très sophistiquée selon un protocole établi par des chercheurs spécialistes de ces textes, sur la base de stratégies adaptées à l'analyse critique des textes. Grâce à cet encodage qui est un balisage (*tagging*), les corpus sont rendus accessibles à l'interrogation avec un très haut degré de granularité, c'est-à-dire de finesse et de profondeur dans le détail descriptif.

Ce ne sont là que quelques exemples qui viennent à l'esprit. Ils sont légion[15]. Nous en sommes au stade de l'accumulation de telles ressources électroniques. Étant donné leur prix, nos bibliothèques universitaires en sont habituellement les gardiennes. Mais ces exemples nous persuadent de la force économique que représentent l'édition électronique et le *World Wide Web*. Le point que je cherche à souligner est que ces textes, qu'ils soient récents ou anciens ou très anciens, ont changé de médium (à la fois de support matériel et de dispositif d'enregistrement et de stockage), ils ont été remédiatisés ; ils peuvent être encore lisibles comme livres, mais *encapsulés* dans un nouveau médium. L'*encapsulage* et la remédiatisa tion sont les deux modes courants d'intégration des nouvelles technologies dans nos corpus et nos outils de travail. Il serait d'ailleurs plus juste de dire que ce sont nos corpus et outils de travail qui se voient intégrés, *encapsulés*, dans les nouvelles technologies et les nouveaux médias, car ce sont les nouvelles technologies, plus que les corpus, autour desquelles une activité économique profitable est possible, autour desquelles se forment des équipes de travail munies de moyens (salaires, budgets, machines, logiciels, utilitaires et instrumentations diverses, programmes, systèmes de communication et de marketing, etc.). Il est trop tôt pour se faire une idée de ce que vont devenir les études littéraires à l'ère des réseaux et des nouveaux médias, d'ici disons dix ou quinze ans, mais une chose paraît certaine : ce sera pour une large part, parmi d'autres facteurs, le résultat des développements d'une activité galopante qui a cours en ce moment

---

14. SGML = *Structured Generalized Markup Language*. SGML est une famille de «langages» non de programmation, mais d'encodage ou de description des textes par marquage (*markup*), susceptibles de rendre compte de manière très fine des particularités textuelles, permettant ainsi des analyses et des recherches avancées. L'incarnation de SGML la plus importante pour les Humanités est la *Text encoding initiative* (TEI) : <http://www.uic.edu/orgs/tei/index.html>. Les langages HTML et XML adaptés au *World Wide Web* font partie de la famille SGML.

15. Parallèlement à ces opérations commerciales significatives, il existe de très nombreux projets universitaires et des entreprises individuelles ou collectives à caractère bénévole.

et qui se nomme édition électronique. Or l'une des caractéristiques centrales de l'édition électronique est de rendre nos corpus et instruments de travail disponibles sous forme d'hypertextes.

@

Le développement de l'édition électronique, des nouveaux médias et du multimédia sont des activités économiques récentes, qui n'ont pas encore fait l'objet de recherches systématiques. Ce sont des domaines qui n'intéressent, au demeurant, qu'un petit nombre de littéraires sur le plan de la recherche. Platoniciens en cela, nous préférons l'*épistémé* à la *tèkhné*. Sur le plan théorique, jusqu'à présent et récemment (années 1990), nous avons cependant eu une flambée d'intérêt autour des hypertextes, à partir de 1987, et qui a culminé en 1992 par la publication d'une première vague d'études. *Hypertext : The Convergence of Technology and Contemporary Critical Theory* de George Landow (Landow, 1992), *Writing Space : The Computer, Hypertext, and the History of Writing*, de Jay David Bolter (Bolter, 1992), *Literacy Online : The Promise (and Peril) of Reading and Writing with Computers*, de Myron Tuman (Tuman, 1992) ont paru en 1992. L'année suivante parurent *The Electronic Word : Technology, Democracy and the Arts* de Richard Lanham (Lanham, 1993), qui analyse plusieurs des positions des autres livres dans son chapitre 8, et *Word Perfect, Literacy in the Computer Age* de Myron Tuman (Tuman, 1993). Dans son petit livre très bien fait : *Hypertext : The Electronic Labyrinth* (Snyder, 1997), Ilana Snyder a résumé magnifiquement et critiqué les positions respectives de tous ces ouvrages et de quelques autres. Tous ces ouvrages[16], malgré leurs différences, partagent deux points communs importants. Ils ont tous pour auteurs des universitaires enseignant dans le domaine des humanités, et tous voient dans le modèle hypertextuel la réalisation concrète de théories littéraires héritées du « poststructuralisme » français et de ce qu'on appelle aux États-Unis « Critical Theory ». Les noms qui reviennent le plus souvent sont Roland Barthes (*S/Z*) et Jacques Derrida (*Glas, La dissémination, De la grammatologie, La carte postale*), mais aussi Foucault dont on cite surtout la conférence de 1969 « Qu'est-ce qu'un auteur?[17] », texte fameux où

---

16. On en trouvera aussi quelques autres dans la bibliographie.

17. Michel Foucault, « Qu'est-ce qu'un auteur? », dans *Dits et écrits*, vol. 1, Paris, Gallimard, 1994, p. 798-821. Richard Grusin, dans l'article qui a déclenché la réflexion qu'on lit ici, rappelle à quel point ce texte fut central pour les théoriciens américains de l'hypertexte : « What is an Electronic Author? », *Configurations*, vol. II, n° 3, automne 1994, p. 469-483.

Foucault en appelait à la fin de l'auteur au profit de nappes discursives dont il n'était plus que l'«instaurateur».

Je ne reprendrai pas la théorie de l'hypertexte dans les limites de cet article. Mais force nous est de reconnaître que comme modèle de texte électronique, l'hypertexte est effectivement riche en possibilités nouvelles : en reconfigurant les notions de texte, d'auteur, d'écriture, en reconfigurant la narration, c'est en fin de compte les études littéraires elles-mêmes qui peuvent être transformées. Et les auteurs mentionnés plus haut s'en sont donné à cœur joie sur ce plan. Ilana Snyder fait raison de leur «utopisme myope[18]». L'hypertexte permet en tous cas d'enseigner beaucoup plus facilement — par l'exemple — certains concepts de base de la théorie littéraire telle qu'on la concevait au tournant des années 1960-1970, et George Landow a raison de souligner la convergence «presque embarrassante[19]» entre théorie et technologie. La fluidité du texte électronique, la facilité avec laquelle il peut être modifié, récrit, mis à jour, sa malléabilité, son «instabilité» par rapport au livre, sa facilité à s'atomiser, à se fragmenter en éléments constituants ne pouvaient que fasciner une génération dont la passion fut de déconstruire les lieux de pouvoir ou de maîtrise embusqués derrière les notions d'Auteur et de Texte. Par la multiplication des possibilités, des modes d'entrée et d'interaction, les hypertextes perdent leur identité propre, ils se fondent (se perdent?) dans de vastes ensembles textuels interconnectés, parmi lesquels les lecteurs (visiteurs?) peuvent circuler très facilement. Dans un tel ensemble, les lecteurs entrent soit grâce à un moteur de recherche, soit par une table des matières, soit en naviguant le long d'une arborescence, au moyen desquels ils effectuent des choix. De ce fait, ils n'ont plus aucune raison de commencer au début et de terminer à la fin, et en fait les hypertextes n'ont, en théorie du moins, ni début ni fin. Ils n'ont pas de fil narratif unique non plus. Le lecteur n'est pas guidé par les choix et les intérêts d'un auteur, mais par le sien propre. Ainsi le fil de liens qui le fait sauter de texte en texte, avec ses péripéties, n'appartient qu'à lui. De plus, dans un vrai système hypertextuel, le lecteur peut ajouter au texte. Avec le logiciel spécialisé *Intermedia*, par exemple, il était possible, grâce à des outils d'annotation, de créer des réponses, des dessins, des ajouts divers, à des textes

18. Ilana Snyder, *Hypertext, the Electronic Labyrinth*, New York, New York University Press, 1997, p. 103 et surtout p. 118-122.

19. George P. Landow, *Hypertext. The Convergence of Contemporary Critical Theory and Technology*, Baltimore, Johns Hopkins University Press, 1992, p. 34 (*Hypertext 2.0*, rééd. 1997, p. 32).

déjà existants ; il n'était pas possible de modifier des textes déjà publiés, mais on pouvait ajouter ses propres liens, créant ainsi de nouvelles connexions, et agrandir le réseau. Un tel système adjugeait donc au lecteur certaines des fonctions traditionnellement réservées à l'auteur dans la culture imprimée. Remarquons au passage que le *World Wide Web* est un système hiérarchique plutôt qu'hypertextuel, comme l'a fait remarquer récemment avec raison un Michael Joyce plutôt amer (Joyce, 1998). Joyce est l'auteur de *Afternoon : a Story* (Eastgate Systems, 1987), le premier, le plus célèbre et le plus acclamé des hypertextes de fiction.

Enfin avec l'outil hypertextuel, c'est tout le modèle pédagogique traditionnel qui est invalidé : le canon, le curriculum classiques sont renversés ; l'hypertexte ne se prête pas au cours magistral, ne permet pas à un professeur d'imposer ses références, ni de « diriger » une discussion ; la figure d'autorité doit disparaître. L'hypertexte exige une pédagogie plus égalitaire, plus sophistiquée, dans laquelle la vieille distinction maître-élèves, professeur-étudiants n'ait plus à fonctionner.

Tel est le credo, rapidement esquissé, et aux différences individuelles près, de la théorie hypertextuelle. Le point sur lequel tous les théoriciens du texte électronique s'accordent, c'est la dématérialisation du texte par l'électronique, sa « désubstanciation ». Ce faisant, ils font ainsi l'impasse totale sur le contexte matériel et social de l'ordinateur (programmation, constituants matériels, logiciels, formations nécessaires, etc.), pourtant significatif, et sur le fonds matériel, économique et culturel sur lequel s'opère ladite « désubstanciation ».

Par ailleurs, l'hypertexte idéal dont il est question dans la théorie n'existe pas de manière significative. Il existe quelques hypertextes de fiction qui peuvent servir d'exemples, je citais celui de Michael Joyce, mais fondamentalement, l'hypertexte dont parle la théorie n'existe pas ; plus qu'un texte, c'est une façon d'approcher le texte. C'est une posture et un terme théoriques avant tout, qui incorporent un ensemble de caractéristiques postmodernes, mais dont il n'existe qu'un nombre infime d'incarnations pratiques. Les hypertextes de fiction existent en fort peu d'exemplaires, et sont encore expérimentaux[20]. De plus, la théorie hypertextuelle a été élaborée à la grande époque de la microinformatique, c'est-à-dire des stations de travail individuelles (1982-1992

---

20. Après une vogue entre 1987 et 1992, les hypertextes de fiction restent une production marginale. Pourtant ils ont leur amateurs et font l'objet d'un enseignement (Michael Joyce à Vassar College ; George Landow à Brown University ; Stuart Moulthrop à l'Université de Baltimore ; ou parfois dans un cours sur les « e-literacies », ou de « Communication Design », comme celui de Nancy Kaplan à la même université.

approximativement) qui n'étaient pas encore ou peu reliées par les réseaux électroniques ; or nous sommes maintenant dans l'ère des réseaux, dont l'idée centrale est que le réseau EST l'ordinateur : les ressources sont distribuées sur le réseau, et accessibles en tout temps via le réseau. Cette notion collaborative, née avec les premières recherches du début des années 1960 sur le travail en temps partagé (*Time sharing computing*), a des racines qui plongent dans la culture des années 1960[21] ; elle a abouti entre autres au protocole de communication d'Internet (TCP/IP[22]), et au fur et à mesure que les vitesses de transfert s'accroissent[23], elle devient une réalité pratique qui s'acclimate lentement parmi les littéraires. Ses conséquences pragmatiques n'ont pas été prévues par la théorie hypertextuelle. Car il y a une grande différence entre les réseaux théoriques tels qu'entrevus par Barthes, Genette, Foucault et Derrida au cours des années 1970 comme nappes de discursivité entrant en rapport et en combinaison par ce qu'on a appelé l'intertextualité ou la transtextualité et leurs figures, et les réseaux de télécommunication où les textes désormais circulent. Les hypertextes sont peut-être dématérialisés si on les compare à la médiatisation précédente des textes par la technologie du livre, mais les réseaux sur lesquels ils circulent sont bien réels et bien matériels. Les techniciens des réseaux les appellent d'ailleurs négligemment des « tuyaux », et ces « tuyaux » coûtent très cher à faire fonctionner et à entretenir (câblage, fibre optique, aiguilleurs et commutateurs coûteux, personnel spécialisé à salaire élevé). La théorie hypertextuelle est marquée par une époque, dont les enjeux politiques et les visées utopiques ont aujourd'hui en partie disparu, et elle ne correspond pas à ce qui se passe autour de nous dans le monde : autour de nous ce sont les réseaux électroniques, les technologies de la communication, qui se développent à vive allure, dont le *Web* qui s'enrichit sans cesse de possibilités techniques nouvelles. George Landow et ses émules se sont servis, à l'époque glorieuse de la fin des années 1980, d'un logiciel spécialisé du nom d'*Intermedia* qui

21. Ainsi que dans la contre-culture des mêmes années 1960-1970. Voir mon article « L'Internet et la contre-culture », *Dire*, vol. V, n° 2, hiver 1996, où j'esquisse cette problématique.

22. Il faut noter que le caractère technique du système de documentation d'Internet, nommé *Requests for Comments* ou RFC, n'a pas empêché ses auteurs de rédiger parfois leurs commentaires en vers, principalement lors de dates importantes : *Arpawocky*, RFC 527, 1973 ; *Twas the Night before start-up*, RFC 968, 1985 ; *Act One — The Poems*, RFC 1121, 1989 ; et même *Remembrance of Things Past*, RFC 1300, 1992.

23. « Les capacités de transmission sont doublées tous les neuf mois, contre un doublement tous les dix-huit mois de la puissance des semi-conducteurs », *Le Monde*, 19 novembre 1999, p. 22.

fonctionnait sous Macintosh, et de *Storyspace*, fonctionnant lui aussi sous Macintosh et depuis peu sous Windows, autre logiciel maintenu en vie par une compagnie de gens dévoués du nom de Eastgate Systems. L'arrivée massive du *World Wide Web* entre 1992 et 1994, le succès technologique et commercial immédiat et phénoménal de ce mode de communication par réseau, représentent un défi de taille à la théorie du texte électronique.

Ce n'est pas à dire que l'analyse de l'impact de la numérisation sur les textes proposée par la théorie hypertextuelle est caduque. L'hypertexte brise les monolithes textuels, dissout les hiérarchies et l'ordonnance rigide de la pagination de l'imprimé. Et dans les hypertextes de fiction, c'est un résultat très intéressant. Mais quel en est le résultat dans la réalité pratique de l'étude ou de la lecture, et dans la recherche? À ma connaissance, cela n'a pas encore été analysé. Or il y a maintenant des hypertextes partout. L'édition électronique enrichit continuellement ses catalogues et nos bibliothèques. Chacun sait par exemple que fouiller dans la version papier d'une encyclopédie, et fouiller dans la version électronique sont deux expériences très différentes. Si l'on tente de lire un long article, par exemple, dans la version papier, le début et la fin de l'article sont très faciles à repérer grâce à la mise en page, qui contient d'autres repères, et d'autres articles. Dans la version électronique, même s'il y a des flèches pour indiquer la suite, ou pour revenir en arrière, on a du mal à savoir où l'on est dans sa lecture, surtout si l'on est arrivé à cet article à partir d'une recherche par mot-clé. On perd les autres repères, et les articles limitrophes. On y a gagné en spécificité, mais on y a perdu en contextualisation littéraire.

D'une manière générale, la translation du médium imprimé au médium électronique est une opération dont la complexité et les exigences cognitives et intellectuelles sont énormes, mal documentées, et n'ont encore fait l'objet que de peu de recherches. Cette translation d'un médium vers un autre ou remédiatisation exige une très soigneuse reconfiguration intellectuelle des contenus, qui doit être décidée à partir d'une compréhension à nouveaux frais de leur nature, de leur généalogie, de leur situation en contexte culturel, et des stratégies de lecture à prévoir ; les contenus doivent être reclassifiés et réordonnancés dans le système des connaissances aux fins d'une efficacité symbolique nouvelle exigée par le nouveau médium. Cette recompréhension en profondeur commande à son tour des reconfigurations techniques, qui demandent une familiarité avec tout un outillage technique, et suppose parfois des connaissances spécialisées en informatique. Et par surcroît, cette recompréhension ne se fait pas dans un vacuum : elle se fait dans un contexte institutionnel, économique et social.

@

L'une des caractéristiques de la théorie hypertextuelle est de stéréotyper les notions d'auteur et de lecteur et d'exagérer les différences entre les textes imprimés et les textes électroniques. L'auteur, pour commencer par lui, y est figé dans l'image de Dieu. Cela est peut-être le résultat d'un fétichisme propre au domaine des Lettres, et ne remonte guère en France au-delà du « Sacre de l'écrivain » dans la seconde moitié du xviiie siècle[24]. Dans les sciences humaines, et plus encore dans les sciences pures (où l'on aurait plutôt tendance à se débarrasser de l'écriture des résultats), l'auctorat est moins lié à l'autorité, surtout quand les auteurs sont multiples. D'autre part, il arrive fréquemment que les ouvrages de référence n'aient pas d'auteurs, mais des éditeurs et des centaines de contributeurs ou collaborateurs, du plus humble au plus savant. (Ces remarques ne nient nullement que la notion d'auteur ait par ailleurs partie liée avec la lutte des classes, la société industrielle, la division du travail, les rapports hiérarchiques, certaines idées sur la propriété intellectuelle, sans compter le rapport entre publication et avancement professionnel.)

Même situation concernant la lecture. La théorie hypertextuelle fait de la lecture une activité passive, solitaire, qui impose silence et discipline au lecteur. Une activité presque avilissante où un maître dicte à un esclave ce qu'il doit penser. Je ne connais aucun grand lecteur ou moyen lecteur qui corresponde à ce portrait, au contraire. Même chez les utilisateurs intensifs des instruments de l'âge électronique, s'absorber dans un livre, un roman ou un essai, peut être une source de plaisir, d'enrichissement, l'aube d'une nouvelle autonomie, d'un nouveau départ. Umberto Eco disait à peu près lors d'une conférence sur l'avenir du livre que, dans un roman, on est conquis par le sens du destin. Et de fait, la prose, du latin *prorsus* ou *prorsum* (en avant, en droite ligne, sans obstacle), guide le lecteur, l'emporte sur les rails du destin. Pourquoi regretter la non-intervention du lecteur dans le texte même de l'œuvre ? C'est seulement l'une des figures d'interaction possibles avec l'œuvre. Suivre le raisonnement de quelqu'un demeure le fond du dialogue. De toute façon, en tant que lecteurs et pas seulement lecteurs cultivés,

---

24. Paul Bénichou, *Le sacre de l'écrivain 1750-1830. Essai sur l'avènement d'un pouvoir spirituel laïque dans la France moderne*, Paris, José Corti, 1973.

nous participons à la construction narrative du roman, sans en changer un seul mot. Des circonstances provenant de notre propre environnement de normes historiques et sociales surgissent à la lecture et nous amènent à poser des jugements sur ce qui nous entoure. Il n'est que de s'asseoir dans un café étudiant en pleine session pour voir comment ceux-ci alternent entre lecture privée et lecture publique, discutent avec leurs voisins de ce qu'ils lisent ou de quelque aspect de leur vie souligné par leur lecture. On pourrait dire, après Wolfgang Iser, que la fiction sert de filtre à l'histoire[25].

Enfin, un texte électronique n'est pas seulement une mer de zéros et de uns, parfaitement fluide, malléable et aménageable. Il s'accompagne d'attributs multimédias (enluminures?) ou de fonctionnalités, qui sont souvent dans un rapport et même une dépendance bien plus étroits avec des logiciels ou des technologies spécifiques que le mot imprimé ne l'est par rapport à la page.

La théorie hypertextuelle présente donc certaines insuffisances quand on essaye de l'appliquer hors de la fiction littéraire à la situation courante de l'utilisation des textes, dans l'enseignement et la recherche et ailleurs. Et elle en a une dernière. Elle radicalise la différence entre le monde de l'imprimé, dans lequel nous sommes encore très largement immergés, et le monde des publications électroniques, de plus en plus nombreuses. Elle nous masque le fait qu'il y a une continuité entre les deux. La Galaxie Gutenberg dont, en 1962, Marshall McLuhan entrevoyait l'éclipse est loin d'avoir disparu. Et ce sont les conséquences de la constatation de cette continuité que j'aimerais commenter pour terminer cet article.

Si nous voulons être armés pour comprendre les transformations que les nouveaux médias ne vont pas manquer d'apporter dans nos objets, il faut étudier comment ces nouveaux médias fonctionnent. Pour nous autres littéraires, intéressés et soucieux de ce que vont devenir nos travaux et nos recherches, nos corpus et nos outils, la meilleure façon de comprendre ce fonctionnement est d'examiner l'interaction entre contenu et technologie.

Comment un artefact comme l'édition électronique de Rabelais ou de Montaigne chez Slatkine/Champion, ou le projet Perseus à l'Uni-

25. Wolfgang Iser, *The Implied Reader. Patterns of Communication in Prose Fiction from Bunyan to Beckett*, Baltimore, Johns Hopkins University Press, 1974.

versité Tufts sont-ils construits[26]? Je dresse dans ce qui suit une liste possible de questions qui, examinées de façon systémique — par systémique, je veux dire étudiées comme fonctionnant en système ouvert — me paraissent susceptibles de permettre l'édification d'une image concrète et précise des enjeux et promesses de la remédiatisation électronique croissante de nos corpus et outils de travail littéraires. Je milite donc en faveur de l'inclusion dans le champ de l'histoire littéraire du *matériel*, du *technique* et de l'*économique*, en plus du social et du culturel.

À quels choix culturels, à quels intérêts de groupe, à quelles exigences économiques, correspond la décision de produire la ressource électronique qu'est un CD-ROM ou un site Web? Quel sera son public-cible? Quelles communautés d'intérêt vont intervenir et être influents dans le processus de sa fabrication, de sa « construction »?

Comment s'est opérée l'acquisition des textes? Quels logiciels et quels personnels, quelles compétences techniques ont été mobilisés? Quel type d'encodage a été choisi pour la masse textuelle? Quel format de présentation, quel format de sortie, d'impression?

Quelles compétences spécialisées et quels rapports de travail ont été mis en jeu et établis dans la production? Quels ont été les contributeurs: auteurs, éditeurs, artistes, programmeurs, dessinateurs d'interfaces, spécialistes en animation (comme on voit, l'auteur n'est qu'un contributeur! J'ai pris l'exemple ici d'une œuvre classique, du CD-ROM Montaigne ou Rabelais, mais dans la production d'un auteur contemporain, l'auteur ne pourrait pas être plus que l'originateur du matériau de base, et éventuellement un conseiller, comme il l'est parfois dans la production des films)?

La culture d'entreprise, les rapports personnels dans l'équipe de production ont-ils influé sur le choix des fonctionnalités, par exemple par le jeu des compétences et des connivences? La production multimédia ou Web professionnelle est connue pour être une entreprise essentiellement collective. Étudier le développement multimédia ou Web en termes de collaboration (c'est-à-dire aussi les luttes de pouvoir, les ambiguïtés, les alliances, etc.) permet de serrer de plus près la texture émotionnelle (et décisionnelle) du travail. Les programmeurs réduisent le multimédia à un monde précis de pixels, de chiffres et d'instructions exécutables; les artistes, les animateurs pensent en termes

---

26. On trouvera une description similaire appliquée au cas de l'*Encyclopaedia Britannica*, dans l'article de l'un de ses éditeurs, Alex Soojung-Kim Pang, « Hypertext, the Next Generation. A Review and Research Agenda », dans la revue en ligne *First Monday*, vol. III, n° II, novembre 1998 : <http//www.firstmonday.dk/issues/issue3_ii/pang/index.html>.

de plan de scénarisation ; les dessinateurs d'interfaces, en termes d'architecture de contenus, de page-écrans, de *look and feel*[27]. Pour ces derniers, le défi est de maintenir un style et une cohérence visuels parmi une collection d'objets qui doivent rester accessibles et unifiés. Quiconque est familier du traitement de texte peut se débrouiller avec un éditeur HTML, mais les formats de base de données, les formats graphiques pour l'affichage, et les outils spécialisés pour les produire et les modifier, *Access* ou *FileMaker*, *Photoshop* ou *Illustrator*, *Shockwave Director* ou *Flash*, *Javascript* et DHTML, *Perl*, *Java*, requièrent des connaissances techniques spécialisées, des investissements, et des salaires élevés. La technologie évolue très vite. De nouveaux logiciels, plus performants, plus simples à utiliser, plus riches ou plus souples en fonctionnalités apparaissent régulièrement. Leur parution peut modifier la structure et la chaîne de production multimédias.

Comment le choix s'est-il fait entre les technologies concurrentes ? Comment les textes ont-ils imposé certaines solutions et fonctionnalités techniques, et quelles possibilités techniques, à l'inverse, ont structuré le texte d'une façon nouvelle ? Quelle stratégie d'exploration du corpus a été adoptée ? Quelles étaient les qualifications et la culture des personnes qui ont pris ces décisions ? Quels ont été les critères qui ont limité le corpus, son décor multimédia ? Quelles technologies multimédias ont été choisies, en fonction de quels besoins ? Si par exemple un ensemble multimédia fait un usage intensif de graphiques particulièrement lourds à télécharger, plusieurs solutions peuvent être envisagées : changer le format de la base de données, récrire le code pour accélérer le chargement ou réduire le nombre de requêtes de chargement, réduire enfin la taille des graphiques. Dans ces conditions, la nature des relations entre les groupes de compétence techniques impliqués, la façon dont ils perçoivent l'importance relative des fonctionnalités d'un projet et leurs exigences techniques, leur appréciation personnelle de certains produits, de certaines solutions, tout cela est de nature à influer sur les éléments composant l'artefact en fabrication.

Quels ensembles logiciels ou de programmation ont été sélectionnés pour la fourniture des fonctionnalités (de recherche, de visualisation, de présentation, etc.) ? L'environnement de programmation est-il

---

27. *Look and feel* est l'une des expressions usitées quand on parle d'ergonomie des interfaces lors du développement des logiciels, des CD-ROM ou des pages Web. On l'emploie pour décrire l'aspect des interfaces et pour parler du rapport de l'utilisateur à l'écran et au clavier : aspect des pages-écrans, convivialité du rapport entre touches du clavier et fonctionnalités, lors de l'utilisation.

libre de droits commerciaux (*Perl*), faut-il payer des droits pour modifier le code-source du langage de programmation et produire un objet nouveau (*Java*)? Une licence à l'utilisation, ou à chaque livraison, a-t-elle dû être prévue? Les logiciels (moteurs de recherche, *Shockwave*, *Acrobat*, etc.) sont-ils libres de droits ou sous licence? Une pression s'est-elle exercée de la part des fabricants en concurrence? Etc.

La tâche devant nous consiste à faire la synthèse de tous ces éléments, à comprendre comment tout ce qui précède interagit dans la « construction » de l'artefact textuel étudié.

@

Je crois que c'est dans cette direction que nous pourrions élargir le champ d'analyse de l'histoire littéraire, en gardant à l'esprit que la remédiatisation électronique des textes ne les décontextualise pas, mais plutôt les recontextualise. À l'exemple de ce qui se pratique dans les études sur la technologie et la science, nous devons examiner non la technologie elle-même, qui resterait de toute façon muette à nos investigations, mais le fonctionnement des interactions à l'intérieur de tout le système au sein duquel l'artefact que nous étudions est produit. Ceux parmi nous qui se sont consacrés à l'histoire du livre comprendront vers quoi je tends. Les historiens du livre ont découvert depuis longtemps qu'étudier le monde des imprimeurs, des graveurs, et des libraires pouvait permettre de composer une image de la vie intellectuelle plus intéressante qu'étudier les seuls écrivains (sans compter que c'est une façon d'épargner à ces travailleurs le « mépris » d'une critique ou d'une théorie qui n'apprécie pas la complexité déterminante de l'édition, électronique ou autre!).

Nous n'avons plus à être persuadés qu'il y a une interaction entre technologies et sociétés : la technologie est un puissant vecteur de changement, mais la culture, les intérêts économiques, la politique sont eux aussi capables d'orienter le développement technologique. Les technologies ne sont pas seulement des solutions à des problèmes techniques, elles peuvent être aussi des solutions à des problèmes sociaux. Il faut se détourner du déterminisme technologique, prendre en compte la relativité, la contingence du progrès technologique et ne pas négliger les acteurs : les ingénieurs, les compagnies, les agences gouvernementales, les utilisateurs, les étudiants. Une telle approche nous impose d'essayer de comprendre comment on aboutit à tel choix technologique, comment telle solution technique est définie comme la meilleure dans le cadre d'un écosystème où il y a beaucoup d'interactions. En théorie, un hypertexte est, nous l'avons vu, un éther de communication instantanée entre une infinité de textes et de données, un réservoir inépuisable, hyperfluide, redistribuable et reproduisible à merci, dématérialisé, « désubstancié », mais cela n'est vrai qu'en théorie. C'est une abstraction qui n'a même pas de réalité au niveau de la pure électronique. En fait, la réalité des nouveaux médias, CD-ROM, DVD ou sites Web, est une réalité qui, pour être numérique, est très matérielle. Elle est faite de textes certes, mais aussi d'images JPEGS et GIFS, de clips cinématographiques en format *QuickTime*, de fichiers audio, de fichiers vidéo *Real*, MPEG ou autres, et tous ces objets nécessitent des compétences à la création et des manipulations à l'utilisation. Quiconque a essayé d'ouvrir un fichier de traitement de texte avec un autre logiciel que celui dans lequel il a été créé, ou d'ouvrir un fichier Macintosh sur un PC, ou de convertir l'un dans l'autre sait que l'électronique n'est pas une simple et vaste mer infinie de zéros et de uns. En fait, les hypertextes électroniques sont tout à fait prisonniers de la matière : non pas de la page imprimée cette fois, mais des formats d'encodage, et de leurs incompatibilités, et les dispositifs électroniques de structuration des données. Ceux-ci sont à leur tour tributaires des aléas de la compétition qui est le mode de fonctionnement de l'économie libérale. Les contenus multimédias dépendent en réalité plus intimement des questions de design et de programmation que des textes qu'ils enluminent. La relation entre contenus, programmation et objets multimédias est très flottante et difficile à prévoir ; elle est déterminante autant dans la réalisation d'un artefact que dans la compréhension des forces qui le structurent.

Comme l'explique Richard Grusin, en conclusion de son article, si nous voulons comprendre ce qu'il y a de nouveau et de différent dans la médiatisation *électronique* des textes, que nous avons essayé de cerner dans cet article, il faut que nous rebâtissions le réseau matériel, technique, culturel et économique qu'elle met en œuvre (comme je l'ai fait dans ma liste de questions) et que nous observions comment ce réseau fait jouer un « espace social hétérogène de pratiques culturelles, linguistiques et techno-scientifiques ». Il faut que nous décrivions en termes historiques et ethnographiques comment le texte électronique circule dans cet espace social hétérogène, ce qu'il détermine, inscrit, met en branle. Et nous pouvons avoir confiance, alors, qu'en observant cette circulation du texte électronique parmi ces réseaux hétérogènes, nous serons à même de comprendre que ce qu'il y a de remarquable dans le texte électronique, ce n'est pas sa dématérialisation, mais plutôt son pouvoir de fédérer une telle diversité de forces matérielles, culturelles et techniques[28].

Est-ce une gageure que de vouloir écrire l'histoire littéraire de cette façon trans- et pluridisciplinaire à l'âge électronique ? Est-il utopique de vouloir inclure dans le champ de l'historien du littéraire des matériaux aussi hétérogènes que le matériel et le technique, en plus du social, de l'économique et du politique ? Est-ce dénaturer la spécificité de l'objet littéraire qui est au centre du travail de l'historien que d'observer comment sa matérialité est façonnée par des pratiques techniques et des contextes extralittéraires ? Il me semble au contraire qu'à l'âge numérique, inclure le technique dans nos études est désormais au cœur du travail de l'historien de la nouvelle république informatisée des lettres et, parmi les avenues de recherche possibles, l'une des plus prometteuses qui s'offre à lui au seuil du nouveau siècle. Son travail n'est pas seulement de produire une histoire des textes, des œuvres, de leurs formes, de leur succession, disparition ou invention et de leurs utilisateurs, mais une vraie histoire culturelle et anthropologique du littéraire, avec toutes les catégories d'actants interagissant dans sa transmission, personnes, institutions, moyens, techniques, et pas seulement les auteurs, les lecteurs et leurs milieux social, économique et politique. De même que les médiévistes trouvent utiles de se munir d'une histoire de la noétique pour mieux saisir l'instrumentalité de la langue dans l'articulation des concepts ; de même qu'un Anthony Grafton ne dédaigne pas d'entrer dans les études d'avoués et les cours de justice pour expliquer la transmission culturelle à la Renaissance ; de même qu'un Jean Mesnard plonge dans le Minutier central des notaires de Paris pour nous renseigner sur Port-Royal et Pascal, de même nous ne devons pas hésiter à entrer dans les ateliers de production multimédia, chez les fabricants de logiciels, chez les fournisseurs de services réseaux, et dans les instituts de recherche où s'inventent et s'expérimentent les façons d'échanger et de communiquer qui se généralisent et modifient nos manières de travailler.

Les spécialistes des différentes disciplines et périodes historiques sont quasi unanimes à reconnaître la richesse et les vertus de l'approche culturelle de l'histoire[29]. Concevons-la large. Tenter de montrer le rôle

---

28. Richard Grusin, *loc. cit.*, p. 483.

29. Sans compter ses avantages connus sur l'histoire des idées et l'histoire des mentalités.

que jouent désormais le technique, l'informatique, la mise en réseaux et les installations de télécommunication dans les humanités et spécifiquement les études littéraires, c'est tout simplement donner leur juste place aux opérations qui rendent disponibles nos textes, nos manuels, nos corpus littéraires, autrement dit nos outils de travail. Je crois que les littéraires ne doivent pas laisser à d'autres spécialistes le soin de réfléchir à leurs nouvelles pratiques et de penser l'évolution de la spécificité des études littéraires au seuil d'un virage qui se fait lentement mais inexorablement vers une médiatisation numérique croissante. Nous devons nous-mêmes penser et bâtir l'anthropologie des études littéraires.

Lectures suggérées

Liste des périodiques spécialisés où se poursuit une discussion sur les hypertextes et l'écriture électronique :

Academic Computing
College Composition and Communication
Computers and Composition
Configurations, A Journal of Literature, Science and Technology
Educational Research
Hypermedia
Journal of Advanced Composition
Literacy and Computers
Literacy Online
Reader
Social Science Computer Review
Writing on the Edge

New Literary History et *Mosaic* publient occasionnellement des dossiers sur les nouveaux médias et les matérialités de la littérature.

On trouvera ci-dessous, outre la bibliographie de l'article, un certain nombre d'ouvrages complémentaires intéressants qui dépassent le cadre de cet article, mais que j'ai consultés et trouvés utiles.

AARSETH ESPEN, J., *Cybertext : Perspectives on Ergodic Literature*, Baltimore, Johns Hopkins University Press, 1997.

ABBATE, Janet Helen, « From ARPANET to INTERNET : a History of ARPA-sponsored Computer Networks, 1966-1988 », Philadelphia, University of Pennsylvania, 1994.

BALPE, Jean-Pierre, Alain LELU et Saleh IMAD, *Hypertextes et hypermédias*, Paris, Hermès, 1995.

BIRKETS, Sven, *The Gutenberg Elegies : the Fate of Reading in an Electronic Age*, New York, Ballantine Books, 1994.

BOLTER, Jay David, *Writing Space : The Computer, Hypertext and the History of Writing*, Hillsdale, Lawrence Erlbaum Associates, 1991.

BOLTER, Jay David et Richard GRUSIN, « Remediation », *Configurations : A Journal of Literature, Science and Technology*, vol. IV, n° 3, 1996, p. 311-38.

——, *Remediation : Understanding New Media*, Cambridge, MIT Press, 1999.

BRETON, Philippe et Serge PROULX, *L'explosion de la communication : la naissance d'une nouvelle idéologie*, Paris / Montréal, La Découverte / Boréal, 1989.

CASTELLS, Manuel, *End of Millenium, The Information Age : Economy, Society and Culture, III*, Oxford, Blackwell, 1998.

——, *The Power of Identity, The Information Age : Economy, Society and Culture, II*, Oxford, Blackwell, 1997.

——, *The Rise of the Network Society, The Information Age : Economy, Society and Culture, I*, Oxford, Blackwell, 1996.

CHARTIER, Roger, *Forms and meanings : Texts, performances, and Audiences from Codex to Computer*, Philadelphia, University of Pennsylvania Press, 1995.

Colloque Hypertext '89, *Hypertext '89 Proceedings, November 5-8, Pittsburgh, PA*, New York, Association for Computing Machinery, 1989.

DEBRAY, Régis (dir.), *Les cahiers de médiologie*, Paris, Gallimard, 1997.

——, « Histoire des quatre M », *Cahiers de Médiologie*, n° 6, 1998, p. 7-24.

——, *Manifestes médiologiques*, Paris, Gallimard, 1994.

——, *Transmettre*, Paris, Odile Jacob, 1997.

DELANY, Paul et George P. LANDOW (dir.), *Hypermedia and Literary Studies*, Cambridge, MIT Press, 1991.

DOSS, Phillip E., « Traditional Theory and Innovative Practice : The Electronic Editor as Poststructuralist Reader », dans Richard FINNERAN (dir.), *The Literary Text in the Digital Age*, Ann Arbor, University of Michigan Press, 1996.

ECO, Umberto, *Lector in fabula : le rôle du lecteur ou la coopération interprétative dans les textes narratifs*, Paris, Grasset, 1985.

EISENSTEIN, Elizabeth L., *The Printing Press as an Agent of Change : Communications and Cultural Transformations in Early Modern Europe*, Cambridge, Cambridge University Press, 1979.

——, *The Printing Revolution in Early Modern Europe*, Cambridge, Cambridge University Press, 1983.

FEBVRE, Lucien et Henri-Jean MARTIN, *L'apparition du livre*, Paris, Albin Michel, 1958-1971.

FERRAND, Nathalie (dir.), *Banque de données et hypertextes pour l'étude du roman*, Paris, PUF, 1997.

FINNERAN, Richard J. (dir.), *The Literary Text in the Digital Age*, Ann Arbor, University of Michigan Press, 1996.

GAGGI, Silvio, *From Text to Hypertext : Decentering the Subject in Fiction, Film, the Visual Arts, and Electronic Media*, Philadelphie, University of Pennsylvania Press, 1997.

GOODY, Jack, *La raison graphique*, Paris, Minuit, 1978.

GRUSIN, Richard, « What Is an Electronic Author ? Theory and the Technological Fallacy », *Configurations : A Journal of Literature, Science and Technology*, vol. II, n° 3, 1994, p. 469-483.

HALL, Steven, « Literature Online — Building a Home for English and American Literature on the World Wide Web », *Computers and the Humanities*, n° 32, 1998, p. 285-301.

HAVELOCK, Eric A., *Harold A. Innis : a Memoir ; with a Preface by H. Marshall McLuhan*, Publications of the Harold Innis Foundation, 2, Toronto, Harold Innis Foundation, Innis College, University of Toronto, 1982.

———, *The Literate Revolution in Greece And Its Cultural Consequences*, Princeton, Princeton University Press, 1982.

———, *The Muse Learns to Write : Reflections on Orality and Literacy from Antiquity to the Present*, New Haven, Yale University Press, 1986.

———, *Preface to Plato*, Cambridge, The Belknap Press of Harvard University Press, 1994.

HEIDEGGER, Martin, « La question de la technique », dans *Essais et conférences*, Paris, Gallimard, 1958, p. 9-48.

HOCKEY, Susan, « Creating and Using Electronic Editions », dans Richard FINNERAN (dir.), *The Literary Text in the Digital Age*, Ann Arbor, University of Michigan Press, 1996, p. 1-22.

INNIS, Harold Adams, *The Bias of Communication*, Toronto, University of Toronto Press, 1991.

———, *Empire and Communications. Belt Lectures on Imperial Economic History* [1948], Oxford, Clarendon Press, 1950.

———, *The Press ; A Neglected Factor In The Economic History of the Twentieth Century. Stamp Memorial Lecture ; 1949*, London, Athlone Press, 1949.

JOHNSON, Steven, *Interface Culture : How New Technology Transforms the Way We Create and Communicate*, New York, Harper Collins, 1997.

JOYCE, Michael, «New Stories for New Readers: Contour, Coherence and Constructive Hypertext», dans Ilana SNYDER (dir.), *Page to Screen: Taking Literacy into the Electronic Age*, Londres, Routledge, 1998, p. 163-82.

——, *Of Two Minds: Hypertext Pedagogy and Poetics*, Ann Arbor, University of Michigan Press, 1995.

KILGOUR, Frederick, *The Evolution of The Book*, Oxford, Oxford University Press, 1998.

LANDOW, George P. (dir.), *Hyper/Text/Theory*, Baltimore, Johns Hopkins University Press, 1997.

——, *Hypertext 2.0*, Baltimore, Johns Hopkins University Press, 1997.

——, *Hypertext: the Convergence of Contemporary Critical Theory and Technology*, Baltimore, Johns Hopkins University Press, 1992.

LANDOW, George P. et Paul DELANY, *The Digital Word: Text-Based Computing in the Humanities*, Cambridge, MIT Press, 1993.

LANHAM, Richard A., *The Electronic Word: Democracy, Technology, and the Arts*, Chicago, University of Chicago Press, 1993.

LATOUR, Bruno, *Nous n'avons jamais été modernes: essai d'anthropologie symétrique*, Paris, La Découverte, 1997.

——, «On Technical Mediation: Philosophy, Sociology, Genealogy», *Common Knowledge*, vol. III, n° 2, 1994, p. 29-64.

——, *La science en action*, Paris, Gallimard, «Folio essais», 1995.

LAURETTE, Pierre, *Lettres et Technè: Informatique, instrumentations, méthodes et théories dans le domaine littéraire*, Montréal, Balzac, «L'univers des discours», 1993.

LÉVY, Pierre, *Cyberculture (Rapport au Conseil de l'Europe)*, Paris, Odile Jacob, 1997.

——, *L'intelligence collective: pour une anthropologie du cyberspace*, Paris, La Découverte, 1997.

——, *La machine Univers: création, cognition et culture informatique*, Paris, La Découverte, 1987.

——, «La place de la médiologie dans le trivium», *Les cahiers de médiologie*, n° 6, 1998, p. 43- 60.

MARCHAND, Philip, *McLuhan, The Medium and the Messenger*, Cambridge, MIT Press, 1998.

MARTIN, Henri-Jean, *Histoire et pouvoirs de l'écrit*, Paris, Albin Michel, 1996.

McCARTY, Willard, «What is humanities computing? Toward a definition of the field», 1998. <http://ilex.cc.kcl.ac.uk/wlm/essays/what/>.

McLuhan, Marshall, *La galaxie Gutenberg. La genèse de l'homme typographique*, Montréal, HMH, 1967.

——, *The Mechanical Bride: Folklore of Industrial Man*, Boston, Beacon Press, 1951.

——, *Pour comprendre les médias. Les prolongements technologiques de l'homme*, Montréal, HMH, 1968.

McLuhan, Marshall et Edmund S. Carpenter, *Explorations in Communication, An Anthology*, Boston, Beacon Press, 1960.

McLuhan, Marshall, Quentin Fiore et Jerome Agel, *The Medium is the Message*, New York, Random House, 1967.

Merzeau, Louise, « Ceci ne tuera pas cela », *Les cahiers de médiologie*, n° 6, 1998, p. 27-42.

Moulthrop, Stuart, « You Say You Want a Revolution: Hypertext and the Laws of Media », dans Amiran et Unsworth (dir.), *Essays in Postmodern Culture*, New York, Oxford University Press, 1993, p. 69-94.

Murray, Janet H., *Hamlet on the Holodeck: The Future of Narrative in Cyberspace*, New York, The Free Press, 1997.

Nelson, Theodor Holm, *Literary Machines 93.1*, Sausalito, Mindful Press, 1993.

Nunberg, Geoffrey (dir.), *The Future of the Book*, Berkeley and Los Angeles, University of California Press, 1996.

O'Donnell, James J., *Avatars of the Word: from Papyrus to Cyberspace*, Cambridge, Harvard University Press, 1998.

Ong, Walter J., *Orality & Literacy: the Technologizing of the Word*, Londres, Routledge, 1982.

——, *Ramus: Method, and the Decay of Dialogue; from the Art of Discourse to the Art of Reason*, Cambridge, Harvard University Press, 1958.

Pang, Alex Soojung-Kim, « Hypertext, the Next Generation: A Review and Research Agenda », *First Monday*, vol. III, n° 11, 1998. <http://www.firstmonday.dk/issues/issue3_11/pang/index.html>.

Parry, Milman, *L'épithète traditionnelle dans Homère*, Paris, Les Belles Lettres, 1928.

Porter, David (dir.), *Internet Culture*, New York, Routledge, 1997.

Rada, Roy, *Hypertext: from Text to Hypertext*, Londres, McGraw-Hill, 1991.

Sandholtz, Judith, Cathy Haymore Ringstaff et David C. Dwyer, *Teaching with Technology: Creating Student-centered Classrooms*, New York, Teachers College Press, 1997.

Serres, Michel, *La traduction. Hermès III*, Paris, Minuit, 1974.

SIMONDON, Gilbert, *Du mode d'existence des objets techniques*, Paris, PUF, 1958.

SNYDER, Ilana, *Hypertext : the Electronic Labyrinth*, New York, New York University Press, 1997.

——, (dir.), *Page to Screen : Taking Literacy into the Electronic Age*, New York, Routledge, 1998.

STEARN, Gerald E. (dir.), *McLuhan Hot & Cool*, New York, Signet Books, 1969.

TUMAN, Myron, *Literacy Online : The Promise (and Peril) of Reading and Writing with Computers*, Pittsburgh, University of Pittsburgh Press, 1992.

——, *Word Perfect : Literacy in the Computer Age*, Pittsburgh, University of Pittsburgh Press, 1993.

TURKLE, Sherry, *Life on the Screen : Identity in the Age of the Internet*, New York, Simon & Schuster, 1995.

UNSWORTH, John, « Electronic Scholarship ; or, Scholarly Publishing and the Public », dans Richard FINNERAN (dir.), *The Literary Text in the Digital Age*, Ann Arbor, University of Michigan Press, 1996, p. 233-243.

——, « Some Effects of Advanced Technology on Research in the Humanities », dans Lawrence DOWLER (dir.), *Gateways to Knowledge : The Role of Academic Libraries in teaching, learning, and research*, Cambridge, MIT Press, 1997, p. 81-92.

VALLÉE, Jacques, *The Network Revolution : Confessions of a Computer Scientist*, Berkeley, And / Or Press, 1982.

VUILLEMIN, Alain, *Informatique et littérature (1950-1990)*, Paris / Genève, Champion / Slatkine, 1990.

Lumières et Internet

BENOÎT MELANÇON

Un état présent sur l'apport des ressources télématiques à la connaissance des Lumières? Cela a déjà été fait[1]. Un catalogue exhaustif des sites de la Toile (le *World Wide Web*) utiles à la recherche littéraire? Il serait obsolète avant sa publication : le support approprié pour ce genre d'entreprise n'est pas le papier, mais la Toile elle-même. Un panorama de la « littératique », des « études littéraires assistées par ordinateur », du TIT (« traitement informatique du texte ») ou de la CAO (« critique assistée par ordinateur »)[2] ? À cause de la multiplicité de leurs formes, ces approches se prêtent mal au recensement indifférencié, des bases de données aux CD-ROM et à l'hypertexte, des forums de discussion aux thèses et encyclopédies électroniques[3]. L'on se penchera plutôt

---

1. Voir Nathalie Ferrand, « Nouveaux instruments de recherche », *Dix-huitième siècle*, nº 30, 1998, p. 293-306.

2. On doit la première expression à Robert Melançon (Université de Montréal) pour désigner l'utilisation des moyens informatiques dans les études littéraires ; la deuxième vient de Michel Bernard, *Introduction aux études littéraires assistées par ordinateur*, Paris, PUF, « Écritures électroniques », 1999, 225 p. ; la troisième est empruntée à Michel Lenoble, « Traitement informatique du texte littéraire. Présentation et réflexions », dans Bernard Derval et Michel Lenoble (dir.), *La critique littéraire et l'ordinateur. Literary Criticism and the Computer*, 1985, p. 1-35 ; la dernière est de Paul Delany, « L'ordinateur et la critique littéraire : du golem à la textualité cybernétique », *Littérature*, nº 96, décembre 1994, p. 7.

3. Sur les bases de données, lire Nathalie Ferrand (dir.), *Banques de données et hypertextes pour l'étude du roman*, Paris, PUF, « Écritures électroniques », 1997, 184 p. En matière de thèses, consulter le site expérimental des Presses de l'Université de Montréal à <http://www.pum.umontreal.ca/theses/index.html>. Pour un exemple d'encyclopédie, voir <http://www.utm.edu/research/iep/>. Ellen Moody a raconté ses expériences dans des forums de discussion littéraires (*Trollope on the Net*, Londres, Hambledon Press et Trollope Society, 1999, 274 p.).

ici sur les raisons qui ont poussé les dix-huitiémistes à s'intéresser très rapidement aux outils offerts par l'ordinateur dans l'analyse des textes de littérature, puis à les délaisser, du moins en apparence ; sur les outils aujourd'hui offerts grâce à Internet et aux problèmes particuliers qu'ils posent, notamment de repérage ; enfin sur les interrogations nées de l'apparition d'Internet dans les études littéraires, non seulement comme réservoir de techniques, mais surtout comme espace d'où penser, sur des bases inédites, ce que sont ces études.

I

On ne l'a pas assez remarqué : les dix-huitiémistes ont été parmi les premiers chercheurs en littérature à utiliser l'ordinateur. Ils voulaient comprendre une période fascinée par la technique et par les nouveaux modes de diffusion des savoirs ; l'informatique, à son tour, combinait ces deux traits. Leur horizon intellectuel était déterminé à la fois par le marxisme et par le structuralisme, et 1789, parangon de toutes les révolutions, était à l'ordre du jour plus que jamais : les nombreuses études lexicologiques du vocabulaire révolutionnaire témoignent de ce double ancrage. La recherche collective était en vogue, puisqu'il s'agissait alors de repenser les institutions et leurs hiérarchies ; or la littéra-tique se prête parfaitement au travail d'équipe[4]. Pour ces raisons, dès les années 1960, l'affirmation de sa nécessité a été entendue en divers lieux.

En mai 1969, à Bruxelles, Jacques Proust lançait des « Propositions pour l'édition des "Œuvres complètes" de Diderot et des grands écri-vains du xviiie siècle » qui réservaient une place à l'informatique, en-core balbutiante, dans une double perspective : pour constituer des index et des concordances, pour faciliter la tâche des lexicologues[5]. Dans un texte paru l'année suivante, Michèle Duchet décrit le pro-gramme « Dépouillement des périodiques des xviie et xviiie siècles », créé en 1965, au Centre national de la recherche scientifique, puis à la Sorbonne, et les conditions dans lesquelles ce type de recherche peut être fécond. Elle suggère, entre autres prolongements aux travaux entrepris, leur extension à des corpus d'écrits utopiques ou de corres-

---

4. Sur les conditions de la recherche alors, voir Jean M. Goulemot, « Parcours », dans *Mélanges offerts à Georges Benrekassa*, à paraître.
   5. Voir Jacques Proust, « De l'usage des ordinateurs dans l'édition des grands textes français du xviiie siècle », *Revue d'histoire littéraire de la France*, vol. LXX, nos 5-6, septembre-décembre 1970, p. 784-797.

pondances privées et publiques[6]. Jean Varloot, à propos des lettres de Diderot, adopte ce programme[7]. À la même époque, autour de Michel Launay, se multiplient les index-concordances des œuvres de Jean-Jacques Rousseau, que publient les éditions Slatkine à Genève : la Toile, qui sera le véhicule le mieux approprié à la diffusion de ce type de travail, n'existe pas[8]. Richard L. Frautschi, lui, s'attaquait aux problèmes d'attribution des articles de l'*Encyclopédie*[9].

À l'exception de ce dernier, ceux qui prônaient l'usage de l'informatique dans les études littéraires durant les années 1960 et 1970 se sont montrés plus discrets par la suite et on a pu avoir l'impression que la littérature était dorénavant l'affaire de spécialistes d'autres disciplines (la linguistique) ou périodes (le XIXe siècle). Pourquoi ? Au-delà des facteurs personnels, cela tient peut-être aux limites des ordinateurs, au moins jusqu'au milieu des années 1980 ; les visées programmatiques des chercheurs cités ci-dessus venaient buter concrètement sur la technique. Cela peut aussi être rapporté à la configuration du champ littéraire qui les a vus naître : dans les travaux alors menés comme dans ceux annoncés, l'influence de l'idéal scientifique incarné par le structuralisme ou par le marxisme ne manque pas de se faire sentir, influence qui perdra de son lustre dans les décennies suivantes, lorsqu'il deviendra de bon goût de pourfendre le néopositivisme ou le néoscientisme. L'essoufflement des recherches collectives sera concomitant de cette baisse de prestige. On ne minimisera pas pour autant l'importance des activités qu'ont inaugurées les *Cahiers de lexicologie*, le Centre d'étude du vocabulaire français de Besançon ou le Centre de recherche de lexicologie politique de Saint-Cloud. Leurs effets restent perceptibles dans des publications récentes, en histoire et en philosophie politique comme

6. Voir Michèle Duchet, « L'informatique au service de l'analyse des textes », *Revue d'histoire littéraire de la France*, vol. LXX, nos 5-6, septembre-décembre 1970, p. 798-809.

7. Voir Jean Varloot, « Points de vue sur la correspondance de Diderot », *Cahiers du Centre d'études et de recherches marxistes*, no 92, 1971, p. 6-22 et *id.*, « Métalégomènes à l'édition de la Correspondance de Diderot », dans *Approches des Lumières. Mélanges offerts à Jean Fabre*, Paris, Klincksieck, « Bibliothèque française et romane », série « C : Études littéraires », 1974, p. 487-521.

8. L'équipe Hubert de Phalèse diffuse un index de *Corinne* de Mme de Staël à <http://www.cavi.univ-paris3.fr/phalese/corinne/index.htm>. Cette équipe de littérature a été fondée en 1989 par Henri Béhar (directeur), Michel Bernard, Jean-Pierre Goldenstein, Pascal Mougin et Patrick Rebollar.

9. Voir Richard L. Frautschi, « A Project for Author Discrimination in the *Encyclopédie* », *SAMLA Bulletin*, no 32, novembre 1967, p. 14-17 ; *id.*, « The Authorship of Certain Unsigned Articles in the *Encyclopédie* : A First Report », *Computer Studies in the Humanities and Verbal Behavior*, vol. III, no 2, août 1970, p. 66-76 ; *id.*, « Les articles anonymes de l'*Encyclopédie* et le "style" de Diderot », *Revue internationale de philosophie*, vol. XXVII, no 103, 1973, p. 66-72.

en littérature, où l'analyse lexicale est mise à contribution, le plus souvent à partir des textes conservés sur les machines de l'Institut national de la langue française (INaLF, Nancy) ou de l'American and French Research on the Treasury of the French Language (ARTFL, Chicago)[10].

En outre, les réflexions de ces précurseurs indiquent les voies que prendra la recherche avec l'explosion liée à la création du réseau Internet, puis de la Toile : traitement de corpus non strictement littéraires, numérisation de textes nombreux et imposants, transfert en ligne des bases de données lexicologiques (INaLF, ARTFL). Personne n'avait cependant pu prédire cette explosion, les difficultés qu'elle soulève et les possibilités qu'elle ouvre.

II

Quiconque a plongé dans le *World Wide Web* sait d'expérience que rien n'y est plus difficile que de trouver une information précise. Le fait que le réseau des réseaux n'ait pas de centre, s'il lui confère sa beauté, empêche dans le même temps d'avoir accès à une information maniable, d'autant que la somme des ressources ne cesse d'augmenter[11]. Des solutions technologiques se sont progressivement imposées. On a créé des moteurs de recherche — AltaVista, HotBot, Francité, Yahoo !, La Toile du Québec, Lokace, etc. — afin de faciliter la tâche des utilisateurs, soit en classant les sites Web par thèmes, soit en les abordant comme d'immenses banques de mots que l'internaute interroge. Par la suite sont apparus des outils plus raffinés et plus performants, car capables de questionner plusieurs moteurs à la fois, puis d'organiser de façon efficace les résultats de cette recherche. Ainsi, en novembre 1999, le chercheur ne pouvait pas accéder par le seul moteur AltaVista à la

---

10. Il serait fastidieux de les énumérer. Pour en suivre l'évolution, voir Paul A. Fortier, « État présent de l'utilisation des ordinateurs pour l'étude de la littérature française », *Computers and the Humanities*, vol. V, n° 3, janvier 1971, p. 143-154 ; Michel Launay, « Préface », dans Michel Launay et Gunnar von Proschwitz, *Index du Contrat social (texte de 1762 et manuscrit de Genève)*, postface de Jean-Jacques Tatin, Genève et Paris, Librairie Slatkine et Librairie Champion, « Collection des index et concordances de J.-J. Rousseau, série B : Index des œuvres », 1, 1977, p. 3-24 ; Anne-Marie et Jacques Chouillet (dir.), *Traitements informatiques de textes du 18ᵉ siècle*, Saint-Cloud, Institut national de la langue française, « Textes et documents. Série VIII », 1984, 207 p. ; Étienne Brunet, « Apport des technologies modernes à l'histoire littéraire », dans Henri Béhar et Roger Fayolle (dir.), *L'histoire littéraire aujourd'hui*, Paris, Armand Colin, 1990, p. 94-117.

11. On consultera avec profit les guides de Marianne Pernoo-Bécache, « Internet et les études littéraires », *Revue d'histoire littéraire de la France*, vol. XCVIII, n° 5, septembre-octobre 1998, p. 829-905 et *id.*, « Bibliographie des sites Internet », *Revue d'histoire littéraire de la France*, vol. XCIX, n° 4, juillet-août 1999, p. 781-804.

version électronique du texte consacré au « Philosophe » par César Chesneau sieur Du Marsais au début du xviiie siècle, mais le logiciel de métarecherche gratuit Copernic en repérait une version particulièrement intéressante : on pouvait y comparer la leçon de 1743 avec sa reprise par Diderot dans le douzième volume de l'*Encyclopédie* en 1765[12]. Ces solutions technologiques ne suffisent pourtant pas, comme le révèlent les sites Web où sont expliqués les arcanes de la recherche documentaire dans Internet[13].

Un logiciel tel Copernic ne manque pas de commodité : voilà qui simplifie indubitablement la tâche de chacun. Ce n'est pas la seule manière d'essayer de répondre au problème de la parcellisation de l'information. Un concept du monde du commerce offre peut-être — cela reste à faire — de réelles possibilités en ce domaine : le *portail*. L'Office de la langue française du Québec le définit comme un

> Site Web dont la page d'accueil propose, en plus d'un moteur de recherche, des hyperliens avec une foule d'informations et de services attractifs, qui est conçu pour guider les internautes et faciliter leur accès au réseau, mais surtout pour les attirer et fidéliser le plus grand nombre d'entre eux, au point de devenir leur porte d'entrée dans Internet[14].

Pour les entreprises commerciales, le portail doit être le lieu de passage obligé à chaque branchement, la page Web consultée inévitablement par le cybernaute. L'attrait de pareille fidélisation n'échappera à personne : les publicitaires trouvent là un public captif, uni par des goûts similaires, pour lequel ils sont prêts à payer des sommes considérables. On ne peut guère s'attendre à leur vendre des espaces dans un portail pour les recherches dix-huitiémistes, mais, pour les usagers eux-mêmes, il pourrait y avoir dans sa création d'évidents bénéfices. Plutôt que de passer par un seul moteur de recherche ou que d'employer les moteurs de métarecherche, ils pourraient se rendre à ce portail au moment d'entreprendre une recherche. Il ne s'agirait pas de rassembler en un lieu toutes les ressources, mais d'y regrouper les hyperliens y menant. Cela exigerait la collaboration de ceux qui les gèrent et de ceux qui s'en servent : ce portail ne serait viable que s'il était continuellement enrichi et largement fréquenté.

---

12. Le logiciel Copernic peut être téléchargé à <http://www.copernic.com>. Le texte de Du Marsais se trouve à <http://www.ens-fcl.fr/recherch/cerphi/public/texte/marsais3.htm>.

13. Voir Marianne Pernoo-Bécache, *loc. cit.*, p. 854-856.

14. <http://www.olf.gouv.qc.ca/ressources/termino/ressling.html#vocint>.

Une entreprise de cette nature — quoiqu'elle n'en ait pas le nom —
est en voie de constitution au Centre international d'étude du xviiie siècle de Ferney-Voltaire. Placé sous la direction d'Andrew Brown et d'un
Comité éditorial (Kevin Berland, Jack Lynch, Ann McDermott, Rolando
Minuti, Mark Olsen et le signataire de ces lignes), «C18/Le dix-
huitième siècle électronique» a été créé afin de regrouper des ressources jusque-là éparses et, partant, d'une consultation malaisée[15].
Loin de vouloir uniformiser ce qui existe, le site C18 a pour principal
objectif de faciliter le travail des chercheurs. Qui veut suivre les publications sur le xviiie siècle dans le monde peut consulter la rubrique
«Bibliographies»: il y aura accès à des bibliographies préparées pour
ce site sous la supervision de Jack Lynch, mais aussi à des liens vers
«Selected Readings» et «xviiie siècle : bibliographie», deux bibliographies
courantes, et vers les bibliographies récapitulatives de James May. Il
pourra suivre l'actualité des sociétés de dix-huitiémistes, la Société internationale d'étude du dix-huitième siècle au premier chef, mais encore
de moult sociétés nationales, régionales ou consacrées à un auteur
ou à une question. Des listes de colloques et congrès y sont mises à
jour régulièrement, avec renvoi au service «*Call for Papers*» de Jack
Lynch. Des textes y sont disponibles (Morellet, Linné), comme des
liens vers des réservoirs de textes, dont les sites essentiels que sont
ARTFL, ClicNet et Project Gutenberg[16]. Les maisons d'édition — le
dix-huitiémiste pense immédiatement à la Voltaire Foundation — et les
équipes de recherche sont représentées; il pourrait en être de même
des librairies et bibliothèques[17]. Beaucoup de revues ont leur site Web
— *Dix-huitième siècle, Eighteenth-Century Fiction, Eighteenth-Century
Studies, La lettre clandestine, Studies on Voltaire and the Eighteenth Century*,
etc. — et elles sont recensées par C18. Enfin, un portail pour le
xviiie siècle devrait donner accès aux sites, qui ne cessent de se multiplier,
voués à un auteur; ils sont trop nombreux pour espérer en dresser une
liste, fût-elle partielle, dans le cadre d'un article.

Il n'existe pas de revues électroniques en littérature du xviiie siècle,
mais, quand elles existeront, elles auront évidemment leur place dans
un portail comme celui-là[18]. De même, si elles se généralisent dans le

15. Sa page d'accueil est à <http://www.c18.org/>.
16. Respectivement : <http://humanities.uchicago.edu/ARTFL/ARTFL.html>, <http:
//www.swarthmore.edu/Humanities/clicnet/> et <http://promo.net/pg/>.
17. Pour les Lumières, on signalera l'existence du site Gallica de la Bibliothèque nationale de France (<http://gallica.bnf.fr/classique/f_auteurXVIII.htm>).
18. Des revues électroniques généralistes ont publié des articles sur le xviiie siècle,
Arob@se (<http://www.liane.net/arobase/>), *Cromohs* (*Cyber Review of Modern Historio-*

domaine littéraire, les prépublications numériques devraient y être répertoriées, qu'il s'agisse d'éditions critiques, de communications diffusées avant leur lecture dans un colloque ou de parties de livre[19]. La remarque vaut également pour les actes de colloques publiés uniquement dans la Toile ; cet usage, peu répandu dans les études littéraires, assurerait une connaissance rapide et peu onéreuse de ces publications spécialisées. L'antenne torontoise de la SATOR (Société d'analyse de la topique romanesque avant 1800) s'est livrée à l'expérience en publiant les actes de son colloque de mars 1998 sur « Les *topoï* de la ruse[20] ». Cela s'applique aux colloques traditionnels, mais on n'oubliera pas qu'il se tient dorénavant des colloques totalement virtuels : leur publicité et la circulation de leurs conclusions nécessitent aussi un lieu où l'information serait accessible d'un seul *clic*. Les relations entre chercheurs et entre communautés de chercheurs se transformeront obligatoirement sous l'influence de ces nouveaux modes de communication, d'autant qu'il y aura, là comme ailleurs, des cyber-pauvres et des cyber-riches. Certaines entreprises, elles, auraient avantage à tenir compte de l'évolution technologique, ainsi des bibliographies du projet « Bibliographie des écrivains français », dont la diffusion se fait pour l'instant sous la forme de volumes accompagnés de disquettes et, à terme, de CD-ROM[21]. C'est la voie qu'ont tracée les chercheurs du projet « The Parisian Stage During the French Revolution (1789-1799) » : ils ont publié un ouvrage et créé un site Web[22]. Qu'Internet regorge de possibilités en matière de circulation de l'information ne devrait laisser aucun doute, même si toutes ses potentialités n'ont pas été exploitées à ce jour.

graphy, <http://www.unifi.it/riviste/cromohs/>) ou *Surfaces* (<http://www.pum. umontreal. ca/revues/surfaces/index.html>).

19. Julie Candler Hayes a mis en ligne des versions préliminaires de textes lus dans le cadre des séances qu'elle a organisées pour les congrès de la Modern Language Association en 1998 et de l'American Society for Eighteenth-Century Studies en 1999 (<http:// www.richmond.edu/~jhayes/conference/>). Pour sa part, Francis Assaf distribue dans son site personnel (<http://www.rom.uga.edu/mac/fassaf/Intro.html>) l'introduction d'un de ses ouvrages, *La mort du Roi. Une thanatographie de Louis XIV*, Tübingen, Gunter Narr Verlag, « Biblio 17 », 1999, 247 p.

20. Voir <http://www.chass.utoronto.ca/french/sator/titre.htm>.

21. Le projet est présenté par Enrico Rufi dans « La *Bibliographie des écrivains français* et le chantier "Dix-huitième siècle" », *Dix-huitième siècle*, n° 30, 1998, p. 281-291. Ont paru les bibliographies de Baculard d'Arnaud (1997), Mme de Genlis (1996), Louis-Sébastien Mercier (1996), Prévost (1996) et les poètes créoles du XVIIIe siècle (1998).

22. L'ouvrage est celui d'Emmet Kennedy, Marie-Laurence Netter, James P. McGregor et Mark V. Olsen, *Theatre, Opera, and Audiences in Revolutionary Paris. Analysis and Repertory*, Westport et Londres, Greenwood Press, « Contributions in Drama and Theatre Studies », 1996, XII–412 p. Le site Web qui lui est associé se trouve à <http://barkov.uchicago.edu/ mark/projects/theatre/>.

La volonté d'exhaustivité dans un domaine comme la littératique ne peut mener qu'à l'échec. L'énumération qui précède n'avait donc pour objectif que d'arpenter un champ d'investigation, afin de souligner la difficulté à s'y orienter et d'indiquer des solutions à cette difficulté. On ne saurait se contenter, pourtant, de ces repérages. Il n'y a pas que les outils de la recherche littéraire qu'a modifiés Internet ; il y a la nature de son objet.

III

On peut se gausser des effets de mode liés à la Toile, moquer les accros du courriel, ridiculiser les surfeurs du Web au teint hagard, prendre en pitié les victimes des sirènes d'Internet, mais cela ne changera rien à l'affaire : les études littéraires et la littérature ne sortiront pas inchangées de leur entrée dans le cyberespace. Sans tomber dans le délire futurologique, il faut reconnaître que la littératique a changé la donne, et cela depuis au moins trente-cinq ans, avec une accélération nette depuis une dizaine d'années[23]. Vouloir le nier serait aussi absurde que d'affirmer que la naissance de la photographie ou du cinéma, pour prendre des cas similaires, n'aurait rien changé à l'écriture littéraire. Lire à l'écran, ce n'est pas lire un *codex* ou un *volumen* ; sélectionner un parcours de lecture hypertextuel, ou se le voir dicter, ce n'est pas suivre linéairement l'ordre des mots imprimés[24] ; écrire à plusieurs, parfois dans l'anonymat, ce n'est pas s'asseoir seul devant la page blanche ; se lancer dans la critique tous azimuts, c'est ne plus être soumis aux règles traditionnelles de la diffusion des commentaires. Les lecteurs, les critiques, les commentateurs et les auteurs d'hier ne seront évidemment pas de parfaits étrangers pour ceux de demain ; l'argument ne tient pas. Les transformations en cours n'en sont pas moins réelles.

Pour le dix-huitiémiste, elles n'ont pas toutes la même importance. Elles lui permettront par comparaison, comme à n'importe quel spécialiste des études littéraires, de réfléchir à la notion d'auteur à l'époque qu'il traite ou de saisir avec plus de finesse l'histoire du livre. Cela ne lui est pas propre. Il y a néanmoins des domaines où l'électronique lui servira plus spécifiquement. On en retiendra ici trois : la lecture non

---

23. Pour la période qui précède l'arrivée de la Toile, voir Alain Vuillemin, *Informatique et littérature (1950-1990)*, avant-propos de Jacques Lacant, Paris et Genève, Champion et Slatkine, « Travaux de linguistique quantitative », 1990, 308 p.

24. Voir Christian Vandendorpe, *Du papyrus à l'hypertexte. Essai sur les mutations du texte et de la lecture*, Montréal, Boréal, 1999, 271 p.

linéaire, la poétique des genres, l'éclatement des frontières du « littéraire », si tant est qu'une telle chose ait existé au Siècle des lumières.

L'*Encyclopédie* de Diderot et D'Alembert a occupé des générations
de critiques littéraires et d'historiens des idées ou du livre. On connaît
mieux désormais, grâce aux travaux de Robert Darnton, de Frank A.
Kafker, de John Lough, de Madeleine Pinault ou de Jacques Proust,
pour ne nommer que ceux-là, le personnel de ce *Dictionnaire raisonné
des sciences, des arts et des métiers*, sa circulation et les conditions de son
élaboration. Reste une question dont la réponse manque toujours :
comment lisait-on l'*Encyclopédie* au xviiie siècle[25] ? On a longtemps
prétendu que l'entreprise encyclopédique était subversive et que cette
subversion passait par les renvois entre articles, de l'orthodoxe « Corde-
liers » au moins orthodoxe « Capuchon », pour reprendre un exemple
canonique. Ce lieu commun, dont Hans-Wolfgang Schneiders a démontré qu'il n'était que cela, peut être contesté par les moyens habituels de
la critique littéraire, un lecteur se demandant s'il y a effectivement un
système de renvois ou si les choses n'ont pas été beaucoup plus aléatoi-
res qu'on a longtemps voulu le faire croire[26]. L'accès à une version
numérique de l'*Encyclopédie*[27] jette cependant un nouvel éclairage sur
cette hypothèse : pareil hypertexte rend possible sa vérification sur une
échelle difficile à concevoir pour un seul lecteur. On dira la même
chose de la relation entre les onze volumes de planches et les dix-sept
volumes de discours (les articles) : on peut supposer que la version
hypertextuelle confirmera l'hypothèse de plusieurs, selon laquelle la
continuité des unes aux autres est souvent inexistante. Les ressources
hypertextuelles, dans ces deux cas, viendraient confirmer les intuitions
des chercheurs, plus ou moins appuyées par des recherches systématiques, sur les problèmes de la lecture non linéaire de l'*Encyclopédie* :
qu'ils passent d'un article à l'autre par les renvois ou qu'ils circulent
des articles aux illustrations, les lecteurs d'hier comme d'aujourd'hui
devaient se buter à une série d'incohérences. Ces incohérences n'ont

25. Voir cependant Françoise Jouffroy-Gauja et Jean Haechler, « Une lecture de l'*Encyclopédie* : trente-cinq ans d'annotations par un souscripteur anonyme », *Revue française
d'histoire du livre*, n°s 96-97, 1997, p. 329-376.

26. Voir Hans-Wolfgang Schneiders, « Le prétendu système des renvois dans l'*Encyclopédie* », dans Peter-Eckhard Knabe et Edgar Mass (dir.), *L'Encyclopédie et Diderot*, Cologne,
Verlag Köln, DME, « Kölner Schriften zur Romanischen Kultur 2/Textes et documents »,
1985, p. 247-260.

27. À <http://humanities.uchicago.edu/ARTFL/projects/encyc/>. Voir l'article de
Robert Morrissey, John Iverson et Mark Olsen, les concepteurs de ce projet, « L'*Encyclopédie* de Diderot sur Internet », *Recherches sur Diderot et sur l'Encyclopédie*, n° 25, octobre 1998,
p. 163-168.

pas été découvertes seulement grâce à Internet, mais celui-ci permet aux chercheurs qui ont commencé de les repérer de valider leurs hypothèses. Sur un plan différent, l'usage croissant d'Internet devrait modifier la réflexion actuelle sur la poétique des genres. Encore une fois, la comparaison entre les pratiques d'aujourd'hui et celles d'hier devrait être féconde pour comprendre les unes et les autres. Un parallèle entre le courriel et la lettre familière telle qu'on la conçoit au Siècle des lumières a mis en relief comment ces deux activités doivent être distinguées : l'une n'est pas supérieure à l'autre, mais elles s'éclairent mutuellement, leur description respective s'affinant par leur contact[28]. On pourrait imaginer de semblables analyses pour le journal intime : la diffusion dans la Toile de son journal — ce qui n'est pas peu paradoxal — n'a-t-elle pas quelque chose à dire de la « publicité » implicite de cette forme dont on dit parfois, du moins dans les études littéraires francophones, qu'elle serait une invention des Lumières tardives ? Le roman épistolaire, autre forme emblématique des Lumières, n'est-il pas appelé à une renaissance avec la popularisation des moyens modernes de communication ? Si c'est bel et bien le cas, comme le montre leur représentation dans le roman[29], on peut légitimement penser que sera relancé le débat sur ses règles génériques et sur son apparente quasi-disparition au fil des ans, du moins en tant que forme fortement attractive.

On le répète à l'envi : l'homme de lettres du XVIIIᵉ siècle est un polygraphe pour lequel le savoir s'offre, peut-être pour la dernière fois dans l'histoire de la culture occidentale, comme totalité maîtrisable. Pour lui, la spécialisation des savoirs qui dominera à compter du XIXᵉ siècle n'a guère de sens : Voltaire traduisant Newton et Diderot suivant des cours de chimie ne sont pas moins hommes de lettres que lorsqu'ils signent des tragédies ou s'en prennent aux bornes du roman. Le refus de la spécialisation, voire son inexistence, et le recours à l'ensemble de la palette générique constituent autre chose qu'une définition du philosophe : ils ont pour effet de forcer le lecteur contemporain à relativiser sa conception du littéraire. L'utilisation de l'informatique dans les études dix-huitiémistes devrait avoir pour conséquence de conférer

28. Voir Benoît Melançon, *Sevigne@Internet. Remarques sur le courrier électronique et la lettre*, Montréal, Fides, « Les grandes conférences », 1996, 57 p.

29. Voir Joseph Jean Rolland Dubé, *Vouloir de l'art*, Montréal, PAJE éditeur, « Postscriptum », 1991, 235 p., Paul Kafka, *Love [Enter]*, Boston et New York, Mariner Books/ Houghton Mifflin Company, 1997 (1993), 326 p. ou Avodah K. Offit, *Virtual Love*, New York, Simon & Schuster, 1994, 317 p.

une nouvelle extension à cette vérité de La Palice. Alors que les études littéraires ne cessent de pécher par provincialisme disciplinaire, voilà pour elles un moyen de faire éclater les frontières trop étroites de la Littérature et d'inscrire la série littéraire dans des séries plus vastes. Il y aurait anachronisme à parler de discours social pour la culture d'Ancien Régime, mais le concept théorisé par Marc Angenot pour la période moderne[30] devrait être discuté à la lumière des ressources d'Internet. Le jour où l'œuvre de Voltaire, déjà disponible sur CD-ROM, sera facilement analysable en conjonction avec l'*Encyclopédie* ou avec les œuvres de ces *minores* qui occupent de plus en plus de critiques n'est pas si loin[31] ; quand il arrivera, la recherche dix-huitiémiste pourrait être appelée à tirer les conséquences de ce qui n'a été jusqu'à maintenant qu'une façon commode de distinguer historiquement les hommes de lettres du siècle des Lumières.

@

En 1998, en conclusion à une réflexion sur « Les nouveaux objets de la recherche dix-huitiémiste en France », Michel Delon énumérait « quelques obstacles et résistances », dont « l'illusion technique qui fait prendre un moyen pour une fin et conduit certains collègues à délaisser les bibliothèques de livres pour les écrans et à troquer la réalité de la recherche pour une hypothétique communication[32] ». S'il est incontestable que l'effervescence des technologies de l'information a pu entraîner des excès — particulièrement de naïveté —, il est également incontestable que ces technologies ne disparaîtront pas de l'horizon intellectuel des chercheurs et qu'on ne saurait jeter le bébé avec l'eau du bain. Il faut continuer à essayer de les maîtriser, en leur reconnaissant la place qui est la leur, une place circonscrite, certes, mais qui va au-delà de la technique : Internet, qui n'est qu'un outil, à l'occasion malaisé à maîtriser à

30. Voir Marc Angenot, *1889. Un état du discours social*, Longueuil, Le Préambule, « L'univers des discours », 1989, 1167 p.

31. Jean-Marie Chassaignon, dont le *Cataractes de l'imagination, déluge de la scribomanie, vomissement littéraire, hémorrhagie encyclopédique, monstre des monstres. Par Épiménide l'Inspiré* (Dans l'antre de Trophonius, au pays des visions, 1779, 4 vol. in-12) est difficile d'accès sur papier et quasi illisible sur microfilm, est un de ces *minores* auquel l'hypertexte donnerait un élan.

32. Michel Delon, « Les nouveaux objets de la recherche dix-huitiémiste en France », dans Michel Delon et Jochen Schlobach (dir.), *La recherche dix-huitiémiste. Objets, méthodes et institutions (1945-1995). Eighteenth-Century Research. Objects, Methods and Institutions (1945-1995)*, Paris, Honoré Champion, « Études internationales sur le dix-huitième siècle / International Eighteenth-Century Studies », 1, 1998, p. 129-138, p. 137-138.

cause de sa nouveauté et de son développement effréné, oblige à une attention renouvelée à la méthodologie des études littéraires ainsi qu'à leur nature. Dire cela, c'est renouer avec la volonté de pionniers pour qui la connaissance du Siècle des lumières serait restée incomplète sans une réflexion de tous les instants sur ce qui le constitue et ne cesse de l'actualiser[33].

33. Les adresses Web ont été vérifiées pour la dernière fois le 15 décembre 1999.

L'ALAMO
en avant « post- »

PAUL BRAFFORT

Au plus fort des HAL

Cet essai se propose de présenter, sur le thème de la *création artistique assistée par les nouvelles technologies*, quelques problèmes d'interface dont certains sont assez anciens mais qui provoquent de récurrents accès de fièvre chez les critiques et les philosophes (hommes de lettres dont les domaines, aujourd'hui, tendent à ne plus en faire qu'un). Dans l'esprit qui est celui de cette revue, je développerai particulièrement les aspects *littéraires* de la question, mais je serai obligé, parfois, de sortir d'un cadre strictement francophone.

C'est pourtant dans ce cadre que l'on peut voir se dessiner les premiers schémas qui évoquent une mécanisation de la création littéraire. Dans ses recherches sur les *Grands Rhétoriqueurs*, Paul Zumthor montre que, parmi les jeux de langage que pratiquaient les poètes français de la seconde moitié du xve siècle, le foisonnement combinatoire était déjà à l'œuvre. Il cite, à ce propos, Jean Molinet, Jean Bouchet et surtout Jean Meschinot. Celui-ci — l'aîné du groupe — a publié dans son *opus magnum*, *Les lunettes des princes*, un poème intitulé *Litanies de la Vierge* ou *Oraison par huit ou seize*.

La base textuelle du système combinatoire de Meschinot est un ensemble de huit décasyllabes (chaque décasyllabe comporte un premier hémistiche de quatre syllabes et un second de six). Ces hémistiches constituent des propositions syntaxiquement indépendantes et sémantiquement analogues de telle sorte que toute permutation d'hémistiches de même longueur produit un texte acceptable. Si de plus le double

système de rimes internes et externes respecte la formule **a b a b b c b c**
adopté par Meschinot, le résultat est une litanie «valide». Le calcul du
nombre total des litanies potentielles ainsi définies n'est pas évident :
Pigouchet, lors d'une réédition des *Lunettes*, en 1495, donne 32 ; La
Borderie, qui réédite le texte en 1895, propose 254. Paul Zumthor lui-
même, en 1973, l'estime supérieur à 365. Le calcul exact a été effectué
par Jacques Roubaud en 1975[1]. On atteint le chiffre de 36 864 (et même
3 548 944 si l'on tient compte des permutations possibles de certains
mots et non plus seulement des hémistiches). En voici un exemple
obtenu à partir d'un programme informatique :

> Dame Defens. Support bon en tout fait
> Esjouy Ris. Plaisir mélodieux
> Mame Defens. Confort seur et parfait
> Rubis chieris. Désir humble joyeux
> Infini pris. Souvenir gracieux
> D'onneur sentier. Mère de Dieu très nette
> Apuy rassis. Safir très précieux
> Cueur doux et chier. Très chière pucelette

En 1973, Claude Berge publiait *Pour une analyse potentielle de la littérature combinatoire*[2], où il évoquait, à la suite d'Yvon Belaval, ces «plagiai-
res par anticipation» que furent, après Meschinot, Jules César Scaliger
et ses *Poetices proteos*, ainsi que de nombreux poètes baroques allemands dont les plus importants furent Georg Philipp Harsdörffer
(1607-1658) et surtout Quirinus Kuhlmann (1651-1689) et son *41ème baiser
d'amour céleste*[3], sorte de «méta-poème» capable de produire 13 =
6 227 020 800 poèmes distincts à partir d'un moule et d'un lexique
structurés. On notera que dans sa fameuse *Dissertatio combinatoria*,
rédigée en 1666, à l'âge de vingt ans, Leibniz se référait explicitement
aux poèmes latins monosyllabiques où les permutations permettent
d'engendrer des millions de textes. Signalons que plus tard le mathématicien russe Andreï Markov trouvera une fructueuse réciproque à la
relation mathématique → littérature : il s'inspirera d'une analyse statis-
tique de l'arrangement alphabétique de l'*Eugène Onéguine* de Pouch-
kine pour identifier la famille de processus stochastiques qui porte son
nom.

---

1. Voir la note de Jacques Roubaud qui suit l'article de Paul Zumthor «Le grand
"change" des rhétoriqueurs», *Change de forme. Biologies et prosodies*, Paris, «10/18», 1975,
p. 222.
2. Claude Berge, *Pour une analyse potentielle de la littérature combinatoire (Créations,
Re-créations, Récréations)*, Paris, Gallimard, 1973, p. 43.
3. Marc Petit, *Poètes baroques allemands*, Paris, Maspero, 1977, p. 122.

Dans toutes les œuvres qui viennent d'être évoquées, la manipulation des textes ou fragments de textes est purement formelle et n'est pas accompagnée de la construction de mécanismes réels (mais ici encore Leibniz peut être évoqué, avec son projet de calculatrice… et plus encore Raymond Lulle (Ramon Llull) avec ses projets de machines logiques fonctionnant par rotation de disques superposés : en fin de compte, tout système combinatoire suggère la mise en œuvre d'un mécanisme.

Un projet explicite de machine à composer des textes apparaît pour la première fois (mais comme une satire de la recherche académique) avec Swift et son *Voyage à Laputa*, troisième partie des *Voyages de Gulliver*. Dans le chapitre V de *Laputa*, Swift nous fait visiter l'Académie de Lagado, lorsque Gulliver rencontre les « savants abstraits » :

> Le premier professeur que je vis était dans une grande pièce, entouré de quarante élèves. Après les premières salutations, comme il s'aperçut que je regardais attentivement une machine qui tenait presque toute la chambre, il me dit que je serais peut-être surpris d'apprendre qu'il nourrissait en ce moment un projet consistant à perfectionner les sciences spéculatives par des opérations mécaniques.

Vient ensuite la description réjouissante de la machine qui fonctionne en fait comme un générateur aléatoire animé par les étudiants et « filtré » par le professeur.

Le programme de Leibniz (dont la mort précède de peu la publication du *Voyage à Laputa*), sa recherche d'une « caractéristique universelle », était orienté — tout comme celui de Lulle — vers la mécanisation des processus déductifs, y compris ceux qui sont mis en œuvre dans le discours usuel, en particulier dans l'écriture littéraire. Et c'est bien dans cette direction que s'orientèrent des esprits comme celui d'Alfred Smee (1851), auteur d'un ouvrage intitulé : *Le Processus de la Pensée adapté à la fois aux mots et au langage avec une description des machines relationnelles et différentielles,* et surtout celui de W. Stanley Jevons et son projet, inspiré par Babbage, de *Réalisation mécanique de l'inférence logique*.

Après la Seconde Guerre mondiale, calculateurs et manipulateurs mécaniques cèdent le terrain, grâce aux progrès rapides des technologies, aux calculatrices électroniques que les Français baptiseront, un peu plus tard, « ordinateurs ». Malgré la lenteur et les difficultés de programmation des nouvelles machines (avec leurs cartes perforées et leurs tambours magnétiques), il était naturel de tenter quelques expériences de nature littéraire. Et c'est précisément à Montréal que la première eut lieu et fit l'objet d'une publication ! J'en reproduis ici la page 5 :

La machine à écrire

Mise en marche et programmée par Jean A. Baudot

LE PREMIER RECUEIL DE
VERS LIBRES RÉDIGÉS PAR
UN ORDINATEUR ÉLECTRONIQUE

suivi des commentaires de : Alfred DesRochers,
Jacques Godbout, Normand Hudon, Gatien Lapointe,
Jean-Marie Laurence, Félix Leclerc, Doris Lussier,
Raymond Queneau, Jean-Louis Roux et Jean-Paul Vinay.

LES ÉDITIONS DU JOUR

3411, rue Saint-Denis, Montréal — Tél.VI. 9-228

On notera que Jean Baudot fait explicitement référence au poème combinatoire de Queneau dont la parution coïncide avec la création de l'OuLiPo et qui inspirera les premières réalisations informatiques. Mais désormais, les recherches universitaires se multiplient avec Sheldon Klein en 1965, James Meehan en 1976, Masoud Yazdani en 1982, entres autres. On ne compte plus les mémoires de maîtrise, les thèses et les communications prononcées lors de colloques. Mais ces recherches s'orientent plutôt vers des utilisations industrielles de la manipulation des textes : systèmes d'interrogation de bases de données, outils pédagogiques, entre autres. Le tableau ci-contre présente une récapitulation de cette longue histoire (qui va s'accélérant).

C'est à l'occasion d'un « atelier d'écriture » qui était organisé à Villeneuve-lès-Avignon par l'OuLiPo que naquit, d'une conversation entre Paul Braffort et Jacques Roubaud, le projet d'un « Atelier de littérature assistée par les ordinateurs » (les mathématiques — avouons-le — furent introduites pour la beauté de l'acronyme !)[4]. Dès 1985, un colloque fut organisé à Cerisy qui manifestait l'intérêt grandissant pour ce type d'activités[5]. On remarquera, parmi les interventions, celle de Simone Balazard, *Le jardin des drames*, inspirée par les schémas combinatoires de Georges Polti (*Les XXXVI situations dramatiques*[6]) et Étienne Souriau

4. Le numéro 95 de la revue *Action poétique*, animée par Henry Deluy et Jean-Pierre Balpe, présentait les premiers projets et réalisations de l'équipe.
5. Jean-Pierre Balpe et Bernard Magné, *L'imagination informatique de la littérature*, Presses universitaires de Vincennes, 1991.
6. Georges Polti, *Les XXXVI situations dramatiques*, Paris, Mercure de France, 1934.

Raymond Lulle	(1235-1315)	*L'art général ultime*	1308
Jean Meschinot	(1415-1491)	*Lunettes des princes*	1460
Scaliger	(1484-1558)	*Poetices proteos*	
Gottfried Leibniz	(1646-1716)	*De Arte Combinatoria*	1666
Quirinus Kuhlmann	(1651-1689)	*Baisers d'amour célestes*	1671
Jonathan Swift	(1667-1745)	*Le voyage à Laputa*	1726
Andreï A. Markov	(1856-1922)	*Analyse d'*Eugène Onéguine	
Charles Babbage	(1792-1871)	*La machine analytique*	
W.-Stanley Jevons	(1835-1882)	*La machine logique*	1870
Raymond Queneau	(1903-1976)	*Cent mille milliards de poèmes*	1960
Jean Baudot		*La machine à écrire*	1964
Italo Calvino	(1923-1985)	*Cybernétique et fantasmes*	1967

Création de l'OuLiPo	1960
Présentation de textes produits par ordinateur au Centre Pompidou	1975
Création de l'ALAMO	1981
Colloque de Cerisy	1985
RIALT	1988
Création du groupe LAIRE	1989
Colloque de Jussieu	1993
RIALT 98	1998

(*Les deux cent mille situations dramatiques*[7]). Dans le même esprit, Léon Bopp, dans son *Esquisse d'un traité du roman*[8], développait une analyse thématique des textes littéraires, analyse qui soulignait l'importance de ces « opérateurs stylistiques » que sont les figures de rhétorique. Le schéma proposé par Simone Balazard fut expérimenté grâce à un programme informatique intitulé *Scénario* qui fut l'un des premiers Littéraciels conçus par l'ALAMO.

Plus récemment, en avril 1994, Alain Vuillemin (de l'Université d'Artois) et Michel Lenoble (de l'Université de Montréal) animaient à Paris un second colloque où de nouvelles réalisations furent présentées et de nouvelles analyses proposées[9]. On note en particulier la prise en considération des possibilités offertes par l'apparition des structures d'hypertextes. La suite autobiographique de Jacques Roubaud, *Le grand incendie de Londres*, en donne un exemple remarquable. En même temps,

7. Étienne Souriau, *Les deux cent mille situations dramatiques*, Paris, Flammarion, 1950.
8. Léon Bopp, *Esquisse d'un traité du roman*, Paris, Gallimard, 1935. On remarquera que l'ouvrage est dédié à Jean Paulhan.
9. Les communications ont été publiées (avec une préface de Jean Baudot) dans *Littérature et informatique. La littérature générée par ordinateur*, Artois Presses Université, 1995.

la remarque bien connue de Claude Lévi-Strauss, (*la preuve de l'analyse est dans la synthèse*) trouve ici plusieurs illustration dans les communications de David Porush et Bernard Gicquel. La filiation française : OuLiPo/ALAMO trouve son équivalent italien avec la fondation de TEAnO, issu de l'Oplepo.

Au début des années 1980, l'exploitation de communications entre ordinateurs au moyen des possibilités du réseau téléphonique devint populaire dans les milieux universitaires américains, grâce à l'ouverture du réseau ARPA (puis du réseau BITNET offert par IBM). En France, le système TRANSPAC était mis en place par l'administration des télécommunications. S'inspirant de l'expérience conduite par l'équipe d'*Invisible Seattle* (Robert Wittig, Sidney Lévy, Michel Pierssens et d'autres), l'ALAMO profitait de la tenue à Toulouse, en 1988, de la manifestation bisannuelle *FAUST* (Forum des arts de l'univers scientifique et technique) pour lancer le projet RIALT (Réseau interactif d'activités littéraires télématiques). Ce réseau mettait en communication un certain nombre de sites situés en Europe et en Amérique (dont celui de l'UQAM) qui créaient et échangeaient des textes créés soit par ordinateur soit « à la main ».

Les choses s'accélérèrent — et les réalisations gagnèrent en qualité — avec l'apparition d'Internet et les facilités du Web. Aussi lorsque naquit — assez spontanément — l'idée de « journées françaises de l'Internet [*sic*] » (20-21 mars 1998), l'ALAMO fut invité par le ministère français de la Culture à apporter sa contribution, ce qui donna RIALT 98. Cette fois le réseau utilisait les possibilités de la couleur et du son, mettant à nouveau en communication des sites situés aux quatre points du globe (Japon, Brésil... et, à Montréal, Régine Robin-Maire!). D'ailleurs, plusieurs de ces sites sont eux-mêmes les nœuds d'autres réseaux. C'est ainsi que le site *Telepoetics*, de Chicago, est relié à Cambridge, à Hambourg, etc.[10].

La réciproque

Six siècles et demi séparent le projet de Lulle du schéma combinatoire de Queneau, deux siècles et demi la machine imaginaire de Swift des présentations oulipiennes au centre Georges-Pompidou. Mais les rapports de la littérature et des techniques de mécanisation ont fonctionné dans les deux sens. À vrai dire, le titre du Colloque de Cerisy évoqué

---

10. On pourra se connecter sur le réseau RIALT par l'URL : <http://indy.culture.fr/rialt>.

ci-dessus : *L'imagination informatique de la littérature*, s'appliquerait parfaitement aux nombreuses œuvres de fiction dans lesquelles l'ordinateur est le héros — ou tout au moins un personnage important. J'évoquerai ici quelques exemples qui me semblent significatifs.

Les premiers exemples sont italiens et c'est bien naturel tant l'engagement de la culture italienne dans le combat pour l'unité de la culture est ancien. J'ai d'ailleurs eu l'occasion, dans un ouvrage récent[11], d'analyser ce que j'ai appelé les *Lumières italiennes* où l'héritage de Léonard — et de Pic de la Mirandole — demeure présent. C'est en 1905 que Mario Morasso déclare :

> J'ai la conviction inébranlable que la machine sera le modeleur principal de la conscience future, l'éducateur le plus profond et le plus efficace de la société humaine...

Après la polémique entre Benedetto Croce et Luigi Pirandello sur les rapports entre l'Art et la Science, ce sont les créateurs qui entrent en scène grâce à des auteurs comme Carlo Emilio Gadda et Leonardo Sinisgalli qui possèdent une double formation (et une double vocation) scientifique et littéraire. Dans *Horror vacui*[12] d'ailleurs, Sinisgalli — qui fut un des élèves les plus doués d'Enrico Fermi, mais se tourna vers la poésie et la peinture, puis créa et la revue *Civiltà delle macchine* — proposait, dès 1943, une chaîne de *trente propositions* construites comme un jeu de substitutions lexicales dans un moule syntaxique donné (ici un banal traité de chimie), anticipant ainsi Raymond Queneau[13] et l'auteur de ces lignes[14]. Un peu plus tôt, dans le même recueil, Sinisgalli, évoquant Mallarmé, observe :

> Je me suis convaincu, à force de les regarder [les machines] qu'il est inutile de chercher dans leur structure des rythmes définis, comme une prosodie, une métrique. Les règles qui les déterminent sont des règles peu visibles comme sont les lois de la prose. Nous avons vu s'animer les machines à notre image, comme si elles étaient faites à notre ressemblance, et nous en avons conclu que cette animation n'avait que très peu à voir avec la hiérarchie des choses inanimées. Mais pensez un peu au fait que n'importe quel stimulus accidentel, dans une machine, peut provoquer des désastres :

11. Paul Braffort, *Science et Littérature : les deux cultures, dialogues et controverses pour l'an 2000*, Paris, Diderot éditeur, « Arts et sciences », 1998.

12. *Horror Vacui* de Sinisgalli a été traduit en français et présenté par Jean-Yves Masson chez Arfuyen en 1995.

13. Raymond Queneau, *Les fondements de la littérature d'après David Hilbert*, Paris, Seghers, « La bibliothèque oulipienne » (vol. 1, texte n° 3), 1990, p. 35.

14. Paul Braffort, *Le désir (les désirs) dans l'ordre des amours*, Paris, « La bibliothèque oulipienne » (vol. 1, texte n° 18), 1990, p. 349.

celles-ci ne jouissent pas de l'insensibilité de l'azur et des pierres, pas plus qu'elles n'ont la frénésie d'une chatte[15].

Plus tard, dans *Archimede (i tuoi lumi, i tuoi lemmi!)*, il s'écrie : « *Che scherzo l'insensatezza programmata*[16] *!* », après avoir observé qu'une machine *peut fabriquer des objets stupides*[17].

Lorsqu'il publie, en 1966, ses *Histoires naturelles*, Primo Levi — dont l'activité principale est encore celle d'un ingénieur chimiste — préfère utiliser un pseudonyme (Damiani Malabaile) pour ces nouvelles qui relèvent de la science-fiction plus que de la littérature traditionnelle. L'une d'entre elles, *Le versificateur*, est particulièrement intéressante. Il s'agit d'une pièce en un acte précédée d'un prologue qui met en scène *Le poète, La secrétaire, M. Simpson, Le Versificateur et Giovanni*. Le Versificateur est une machine électronique que M. Simpson réussit à vendre au poète... dont voici la dernière réplique :

LE POÈTE, au public : Je suis en possession du Versificateur depuis maintenant deux ans. Je ne peux pas dire que je l'ai déjà amorti, mais il m'est devenu indispensable. Il a fait montre d'aptitudes multiples : non seulement il me soulage d'une partie importante de mon travail, mais il tient aussi la comptabilité et règle les paiements, m'avise des échéances et fait même mon courrier : je lui ai appris en effet à composer en prose, et il s'en tire tout à fait bien. Le texte que vous venez d'écouter, par exemple, est son œuvre[18].

Italo Calvino, qui fut un ami de Leonardo Sinisgalli comme de Primo Levi, s'est intéressé très tôt aux problèmes de l'automatisation en littérature. Pendant le mois de novembre 1967, à l'occasion d'une série de conférences organisées par l'Association culturelle italienne, il prononce une conférence intitulée « Cybernétique et fantasmes (notes sur la narration comme processus combinatoire)[19] », conférence dont la sûreté de l'analyse demeure frappante. J'en reproduis ici un passage célèbre :

Quel serait le style d'un automate littéraire ? Je pense que sa vraie vocation serait le classicisme : le banc d'essai d'une machine poético-électronique sera la production d'œuvres traditionnelles, de poésies à formes métriques closes, de romans armés de toutes leurs règles.

15. Leonardo Sinisgalli, *op. cit*, p. 25.

16. Leonardo Sinisgalli, *Archimede*, Paris, A. Tallone, 1968, p. 63.

17. *Ibid.*, p. 34.

18. Primo Levi, « Le versificateur », *Histoires naturelles* suivi de *Vice de forme*, trad. par André Maugé, Gallimard, « Arcades », p. 51.

19. Une traduction française, par Michel Orcel et François Wahl est parue dans le recueil *La machine littéraire* (Paris, Seuil, 1993 et 1994).

[…] La vraie machine littéraire sera celle qui sentira elle-même le besoin de produire du désordre, mais comme réaction à une précédente production d'ordre ; celle qui produira de l'avant-garde pour débloquer ses propres circuits, engorgés par une trop longue production de classicisme. Et, de fait, étant donné que les développements de la cybernétique portent sur les machines capables d'apprendre, de changer leurs propres programmes, d'étendre leur sensibilité et leurs besoins, rien ne nous interdit de prévoir une machine littéraire qui, à un moment donné, ressente l'insatisfaction de son traditionalisme et se mette à proposer de nouvelles façons d'entendre l'écriture, à bouleverser complètement ses propres codes[20].

Mais Calvino ne s'est pas contenté d'une activité de critique. Dans le numéro de *Playboy* de février-mars 1973, il publiait un court récit, « L'incendie de la maison abominable[21] » dont le narrateur est un informaticien chargé de résoudre l'énigme posée à la Compagnie d'assurances par un incendie qui a fait quatre victimes. L'ordre des décès étant essentiel, l'aide de l'ordinateur est indispensable à la résolution du problème combinatoire qui est posé. Calvino se proposait d'écrire un roman en développant ce projet (auquel Jacques Roubaud et moi-même avons participé[22]).

C'est dans la nouvelle de Bernard Andrès « Advienne que pourra » que l'ordinateur prend effectivement la parole (ou plutôt la « plume », en utilisant l'alphabet qui est alors le sien). Publié dans *L'aventure, la mésaventure*, un groupe de 10 nouvelles par 10 auteurs québécois[23], ce court récit met en scène le duel du narrateur (informaticien) et d'une machine. Du coup, le texte se répartit entre les interventions du narrateur (interventions dont le texte est précédé du signe □) et les productions de la machine dont voici quelques exemples :

…trDXTrd……..xDHy5dX%…….pN*9p8u….u6%Vu65r…098uM)098u…

…02-0743617 @ ISBN 2-267-00215-9 @ PQ 2643312^{E}47 @ p.69…

auxquels l'oulipien que je suis ne peut résister au plaisir d'ajouter la « boule de neige fondante » que voici :

---

20. Italo Calvino, « Cybernétique et fantasmes (notes sur la narration comme processus combinatoire) », dans *La machine littéraire*, *op. cit.*, p. 13.

21. Une traduction française, due à Jean-Paul Manganaro, a été publiée dans le recueil *La grande bonace des Antilles* (Paris, Seuil, 1995).

22. Voir mon article « L'ordre dans le crime : une expérience cybernétique avec Italo Calvino », *Europe*, n° 815, mars 1997, p. 128.

23. Bernard Andrès, « Advienne que pourra », *L'aventure, la mésaventure*, Montréal, Quinze éditeur, 1987. Bernard Andrès est professeur à l'UQAM.

&§%$&%+_@%*
&§%$&%+_@%
&§%$&%+_@
&§%$&%+_
&§%$&%+
&§%$&%
&§%$&
&§%$
*&§%$
*&§%
*&§
*&
*

Cette nouvelle est particulièrement intéressante dans la mesure où elle évoque le thème — aujourd'hui vedette de l'actualité — du «bogue» informatique. On remarquera aussi l'utilisation des ressources d'une typographie et d'un alphabet caractéristique de l'informatique des années 1980 : $, *, %, etc.

Mon dernier exemple sera emprunté à une publication beaucoup plus récente : il s'agit du roman de Richard Powers : *Galatea 2.2*[24]. Ce livre remarquable à bien des points de vue est un parfait exemple de ce qu'un critique a appelé des «techno-thrillers[25]». Le narrateur — qui a le même patronyme que l'auteur —, prenant ses fonctions d'«humaniste en résidence» dans un gigantesque et ultra-moderne «Centre pour l'étude des sciences avancées», est amené à collaborer avec un neurologue cognitiviste pour construire et programmer un réseau neuronal extrêmement sophistiqué à qui l'on va fournir le contenu d'une liste canonique des «grands livres». Cette liste sera la base d'un processus d'apprentissage permettant à la machine de passer avec succès un examen très complet de connaissance de la littérature de langue anglaise. Il s'agit donc là d'une version élaborée du fameux «test de Turing», mais l'intérêt du roman réside dans la finesse des analyses psychologiques exprimant l'évolution du narrateur lui-même au fur et à mesure des progrès de la machine qui, à un certain moment, est capable de prendre des initiatives et de poser à son interlocuteur des questions sur elle-même (son nom, son sexe, sa race) que seul un être pensant devrait pouvoir poser : une forme douce, en somme, du mythe de Frankenstein.

24. Richard Powers, *Galatea 2.2*, New York, Farrar, Strauss, Giroux, 1995.
25. Piotr Siemion, «No more heroes : The Routinization of the Epic in Techno-Thrillers», dans Joseph Tabbi et Michael Wutz (dir.), *Reading Matters, Narratives in the New Media Technology*, Ithaca, Cornell University Press, 1997.

Préposés aux « post »

À la fin des années 1970, le Conseil des universités auprès du gouverne-
ment du Québec avait commandé au philosophe français Jean-François
Lyotard un *Rapport sur le savoir dans les sociétés les plus développées*. Ce
rapport fut publié ensuite sous le titre particulièrement accrocheur de :
La condition postmoderne (sans tiret). Lyotard utilisait là un terme qui
avait été lancé par des critiques anglo-saxons et en premier lieu par
Ihab Hasssan dès 1971, dans une optique plus restrictive : l'architecture
et la littérature étaient les domaines d'analyse retenus par Hassan. Avec
Lyotard, le champ de la critique s'élargit comme en témoigne le titre
du premier chapitre de son livre : « Le savoir dans les sociétés informa-
tisées. » Dès la première page, on peut lire ceci :

> Le savoir scientifique est une espèce du discours. Or on peut dire que
> depuis quarante ans les sciences et les techniques dites de pointe portent
> sur le langage : la phonologie et les théories linguistiques, les problèmes
> de la communication et la cybernétique, les algèbres modernes et l'infor-
> matique, les ordinateurs et leurs langages, les problèmes de traduction des
> langages et la recherche des compatibilités entre langages-machines, les
> problèmes de mise en mémoire et les banques de données, la télématique
> et la mise au point de terminaux « intelligents », la paradoxologie : voilà
> des témoignages évidents et la liste n'est pas exhaustive[26].

L'auteur délivre alors un message « futurologique » dans lequel l'informatisation, et en particulier l'informatisation de la communication
linguistique, joue un rôle essentiel. Il s'interroge sur la transformation
éventuelle des mécanismes de la maîtrise du pouvoir et de la transmission du savoir. Soucieux d'appuyer sa thèse principale : « on tient pour
"postmoderne" l'incrédulité à l'égard des métarécits », il évoque la
thèse wittgensteinienne des « jeux de langage » en la couplant, par un
curieux glissement lexical, avec la « théorie des jeux » de Von Neumann
et Morgenstern.

On sait que la thématique lyotardienne a rapidement envahi les milieux universitaires américains (en gagnant d'ailleurs les départements
de littérature plus que ceux de philosophie) et que l'adjectif « postmoderne » a été accolé aux œuvres et aux activités les plus diverses. Le
point de départ n'en demeure pas moins la problématique du traitement
informatisé du langage naturel. Lyotard lui-même l'évoque à nouveau
à l'occasion de l'organisation au centre Georges-Pompidou, à Paris,
d'une grande manifestation intitulée *Les Immatériaux*, manifestation à

---

26. Jean-François Lyotard, *La condition postmoderne*, Paris, Minuit, 1979, p. 11.

laquelle l'ALAMO participait, et qui présentait de nombreuses réalisations artistiques et littéraires «assistées» par les nouvelles technologies. On peut lire dans la préface (intitulée «La raison des épreuves» et rédigée par Lyotard en collaboration avec Thierry Chaput) à l'un des deux dossiers publiés à cette occasion, le paragraphe bien significatif que voici :

> C'est une propriété redoutable de l'électronique et de l'informatique qu'elles peuvent se faire ouvrir de loin les proches intimités. Nos retraites se peuplent de messages. Dans l'aller et retour des flux d'informations, les murs qui nous protégeaient sont devenus les plus pauvres des interfaces. Le secret de l'écriture, le va-et-vient du texte, en train de se faire, pré-textes, textes de soutien, brouillons, ratures, dérobades de la pensée devant le bien-connu, autant que anamnèse nécessaire pour dissiper le préjugé possible — si cela aussi était exposé à ce qu'on appelle par antiphrase la communication, nous demandions-nous, qu'adviendrait-il ? Peut-être est-ce là l'épreuve qui attend l'écriture à l'âge postmoderne[27].

Suit alors un lexique de cinquante mots pour lesquels vingt-six auteurs proposèrent leurs définitions. Celles-ci, saisies sur ordinateurs, circulaient sur le réseau constitué par ces ordinateurs et pouvaient être lues et commentées par les auteurs eux-mêmes. À l'entrée lexicale «Langage», on trouve la définition (?) suivante de Jacques Derrida :

> (À réduire au minimum : l'économie même). Finalement inutile. Sa «finalité» n'est pas celle d'un outil, d'un moyen de communication. Suppose et détruit (simultanéité ainsi définie) le rapport à soi, l'auto-affection. Espèce d'écriture! langue, lèvre (en hébreu), appel. On ne peut en parler que dans une langue «naturelle» (ne s'oppose pas ici à «artificielle») donc on ne peut en parler sans que de lui-même déjà il ait parlé? *Die Sprache spricht*. Mais : *Die Sprache(sich) verspricht* (Paul de Man). Les maîtres et maîtresses sont ceux qui ont pouvoir de limiter le stock des mots ou d'inventer des idiomes : séduire ainsi les autres par le désir qu'on leur inspire ou l'obligation qui leur est faite de coucher dans certains mots (article précédent) [il s'agit du mot «interface»], d'y habiter, de s'y traduire. Condition : que le maître ou la maîtresse n'y soient déjà plus. Conclusion la maîtrise du langage n'existe pas. (*EP*, III)

Ce texte est exemplaire de l'attitude (et du style) déconstructionniste et postmoderne et de sa fascination pour les nouvelles technologies comme de ses tics stylistiques : emploi de mots allemands, etc., et c'est

---

27. Jean-François Lyotard et Thierry Chaput, «La raison des épreuves», dans *Épreuves d'écriture*, Paris, Éditions du centre Georges-Pompidou, 1985, p. 6. Les références à ce recueil se feront désormais dans le texte à l'aide du sigle *EP*, suivi directement du numéro de la page.

pourquoi je l'ai reproduit en totalité. Bien que les positions philosophico-esthétiques de Lyotard et Derrida soient loin d'être identiques (Lyotard ne parle jamais de «déconstruction» et Derrida jamais de «postmoderne»[28]), elles imprègnent durablement certains cercles académiques américains (qui croient même pouvoir célébrer — et imiter — une «French Theory» comprenant, en plus de ces deux auteurs, des esprits aussi divers et même opposés que Lacan, Foucault, Serres, Kristeva, Cixous, etc.).

J'opposerai ici au texte de Derrida celui, publié dans le même recueil, de Jacques Roubaud, à l'entrée lexicale «Prothèse»:

> Soit le «Dormeur du val», d'Arthur Rimbaud; commençons par trouer le texte en y effaçant tous les mots qui ne sont pas des mots-outils; ainsi: c'est un 1 de 2 où une 4/5 6 aux 7 des 8/d'9 injections aux places ainsi définies (il y en a 62) des mots de même nature syntaxique et métrique (les contraintes prosodiques et de rime sont respectées) pris dans *Les Fleurs du mal* de Charles Baudelaire. On obtient ainsi une prothèse poétique d'un auteur nouveau, Rimbaudelaire. (*EP*, 191)

Au lieu de brumeuses généralités on trouve ici un véritable *programme* de création littéraire, programme effectivement implémenté par l'ALAMO (dont Roubaud était le président) parmi ses logiciels de démonstration[29].

Après avoir joué un rôle décisif dans la promotion du concept de postmoderne, Jean-François Lyotard — qui rompra quelques lances à ce sujet avec Jürgen Habermas[30] — s'éloignera progressivement d'un concept galvaudé. Mais le virus se répandra durablement et dangereusement tandis que sa diffusion s'accompagnera d'un regain d'intérêt pour le problème des «deux cultures», sous la forme de publications, colloques etc., manifestations auxquelles il me semble naturel d'associer l'expression «Syndrome de Snow».

Dans sa préface à *One Culture. Essays in Science and Literature*, George Levine observe en effet:

> L'interaction entre la science et la littérature a été l'objet d'un intérêt croissant des critiques; les langages de la science ont de plus en plus fait

28. Sauf précisément dans l'une de ses contributions à *Épreuves d'écriture* où à propos du mot «matériel», il écrit: «Supposant ainsi l'opposition matière/forme (*pysis/tekhnè*, etc.), ne devrait-il pas céder à la "post-modernité" des "immatériaux"?» (*EP*, p. 126).

29. Et disponible sur le site RIALT évoqué dans la note 10. Il faut pour cela choisir, après connexion sur le site, l'option *Sites de création* puis, parmi ces sites, l'option ALAMO. Le menu propose alors des exemples de création parmi lesquels *Rimbaudelaire*.

30. Voir Robert C. Holub, *Jürgen Habermas: Critic in the Public Sphere*, New York, Madison, Routledge 1991.

leur chemin dans la littérature et dans les discussions qu'elle suscite. Et les présomptions traditionnelles suivant lesquelles les littéraires n'ont que faire de la science, comme les scientifiques de la littérature ont été démenties au cours du vingtième siècle et plus particulièrement au cours de ces récentes années[31].

Dans mon récent livre, *Science et Littérature*, j'avais évoqué les trois débats qui, de Perrault vs Boileau (le siècle de Louis XIV) à Snow vs Leavis (le début des années 1960) en passant par Thomas Huxley vs Matthew Arnold (la fin du xixe siècle) ont précisé le conflit des deux cultures. Il s'agissait, pour les «Anciens», de préserver la primauté d'une culture humaniste en face des progrès rapides d'une culture influencée par les sciences et les techniques. L'affaire fit quelque bruit et les arguments de Leavis, notamment, manquaient singulièrement de courtoisie (chose curieuse, on les retrouve à l'identique, ou presque, aujourd'hui, chez les adversaires d'Alan Sokal, dans le débat sur les «impostures intellectuelles»).

Ce que déplorait C. P. Snow, c'était l'existence, entre les domaines de la culture «humaniste» et ceux de la culture scientifique (et technique) d'un véritable «rideau de fer». Lui-même était bien qualifié pour en parler en tant que scientifique (spécialiste de la spectrographie infrarouge) et littéraire (auteur de nombreux romans, dont la saga *Strangers and Brothers*). Mais les participants au débat étaient principalement des «humanistes»: critiques, sociologues, historiens (on notera cependant l'importante contribution du Prix Nobel de médecine, Peter Medawar[32]). Or on constate qu'il se produit, à la fin des années 1970 — vingt ans après la conférence et le pamphlet de Snow — et jusqu'à aujourd'hui, un spectaculaire retournement. La nouvelle vague de discussions et de recherches prend forme dès 1978, lorsque paraît un article de G. S. Rousseau, intitulé «Literature and Science: The State of the Field[33].»

Désormais les publications se multiplient: livres individuels ou collectifs, colloques, mises au point bibliographiques[34], etc. Les références à la science abondent sous la forme, le plus souvent, d'un véritable déluge de métaphores. Dans l'univers des textes littéraires comme

31. George Levine, *One Culture, Essays in Science and Literature*, Madison, University of Wisconsin Press, 1987, p. VII.

32. Voir Peter Medawar, *The Hope of Progress: A Scientist Looks at Problems in Philosophy, Literature and Science*, Garden City (NY), Anchor Books, 1972.

33. G. S. Rousseau, «Literature and Science: The State of the Field», *Isis*, n° 69, 1978, p. 583.

34. En particulier *The Relations of Literature & Science, An Annotated Bibliography of Scholarship, 1880-1980*, Walter Schwatzberg, Ronald Waite et Jonathan Johnson (dir.), New York, The Modern Language Association of America, 1987.

dans celui des textes scientifiques, les outils rhétoriques, en particulier la métaphore, jouent en effet depuis longtemps un rôle privilégié, comme le souligne Joseph Slade dans son introduction à *Beyond the Two Cultures*. La troisième partie du recueil, intitulée « Literary responses to Science and Technology », contient une section II qui explore *The Metaphorical Allure of Modern Physics*. L'introduction, due à Lance Schachterle, croit pouvoir déclarer :

> C'est un signe de l'insuffisance de la thèse de C. P. Snow sur « les deux cultures », que la fréquence avec laquelle les écrivains d'aujourd'hui se tournent vers la physique contemporaine dans leurs métaphores sous-jacentes[35].

Plutôt que d'une insuffisance de la thèse de Snow, je diagnostiquerais une sorte de nostalgie de l'unité ancienne, un sentiment de remords envers la culture et la tentation, pour rattraper le temps perdu, d'en faire peut-être un peu trop dans l'annexion d'une thématique scientifique et technique. *Langage, information, entropie*, puis *chaos* et *fractale* : ce sont là désormais des concepts que les critiques utilisent à tout bout de champ sans que leur rôle exact dans la conception du texte littéraire soit clairement défini. On peut craindre alors que la métaphore ne masque ici la légèreté des analyses. Ce danger apparaît dans de nombreuses publications récentes qui fonctionnent comme des collages plutôt que comme des alliages.

Je citerai Katherine Hayles avec *Chaos Bound*[36], dont les chapitres successifs évoquent le « démon de Maxwell », la flèche du temps, les « attracteurs étranges » et le « poststructuralisme ». Le chapitre de conclusion s'intitule « Chaos and Culture : Post-modernism(s) and the Denaturing of Experience ». L'auteur tente d'associer une problématique de la turbulence avec une culture « postmoderne » (J.-F. Lyotard et Jacques Derrida). L'ultime section du chapitre, intitulée « The Story of Chaos : Denaturing Narratives », évoque un « espace vectoriel de l'action » possédant un nombre élevé de dimensions et les problèmes de la *self-reference* sans que la pertinence de ces rapprochements soit établie : on rencontre ici la plupart des dérives qui seront moquées par Alan Sokal et Jean Bricmont[37].

---

35. Il s'agit de l'ouvrage de Robert Nadeau, *Readings from the New Book of Nature : Physics and Metaphysics in the Modern Novel*, Amherst, University of Massachusetts Press, 1981, et de celui de David Porush *The Soft Machine : Cybernetic Fiction*, New York, Methuen, 1985.

36. Katherine Hayles, *Chaos Bound*, Cornell University Press, 1990.

37. Jean Bricmont et Alan Sokal, *Impostures intellectuelles*, Paris, Odile Jacob, 1997.

À cette thématique empruntée à la physique, il était inévitable que se joigne une thématique du traitement de l'information. Jean-François Lyotard, on l'a vu, a été l'un des premiers à s'y intéresser. Mais de nouveaux adeptes se manifestent, le plus enthousiaste d'entre eux étant sans nul doute Gregory Ulmer. Dans *Applied Grammatology. Post(e)-Pedagogy from Jacques Derrida to Joseph Beuys*[38], puis dans *Teletheory, Grammatology in the Age of Video*[39], cet auteur nous offre un impressionnant mélange d'anticipation technologique et d'incantation déconstructionniste. Interrogé sur cette extension de ses théories, Derrida déclare, fort embarrassé :

> En ce qui concerne Gregory Ulmer, son travail me semble très intéressant, très nécessaire ; il ouvre ou espace neuf que nous pouvons évaluer autrement [...].
> Mais il faut discuter à propos de ces objets — télévision, télépédagogie, etc. — et de telles questions produiront un nouveau discours que bien des gens, y compris moi-même, ne comprendront pas[40].

On pourrait multiplier les exemples, mais je me contenterai ici d'évoquer les recherches de Joseph Tabbi. Dans son livre *Postmodern Sublime*, il présente une analyse approfondie de l'irruption de la nouvelle thématique, évoquant des auteurs de science-fiction tels que Pynchon, McElroy et DeLillo. L'introduction est intitulée : *Machine as Metaphor and More Than Metaphor*, et il déclare :

> On pourrait difficilement trouver une meilleure occasion contemporaine pour évoquer le sublime que l'abondante production technologique elle-même. Ses réseaux entrecroisés d'ordinateurs, systèmes de transports et médias de communications, qui ont succédé à la « nature » toute-puissante du dix-neuvième siècle romantique, ont atteint un ordre de grandeur qui, tout à la fois, attire et repousse l'imagination[41].

Pourquoi lire les modernes

Le titre de cette dernière partie est inspiré, bien sûr, de celui de Calvino, *Pourquoi lire les classiques*, et ce n'est pas par hasard. Joseph Tabbi, en effet, conclut son ouvrage par une citation de l'auteur des *Leçons américaines*.

38. Gregory Ulmer, *Applied Grammatology. Post(e)-Pedagogy from Jacques Derrida to Joseph Beuys*, Baltimore, Johns Hopkins University Press, 1985.
39. Gregory Ulmer, *Teletheory, Grammatology in the Age of Video*, New York, Routledge, 1989.
40. Dans une réponse à Peter Brunette, publiée dans Peter Brunette et David Wills (dir.), *Deconstruction and the Visual Arts*, Cambridge, Cambridge University Press, 1994.
41. Joseph Tabbi, *Postmodern Sublime*, Ithaca, Cornell University Press, 1995.

Calvino est couramment cité parmi les écrivains « postmodernes », cela en dépit de ses propres analyses, de ses références multiples aux classiques et aux modernes, de Galilée à Musil. D'ailleurs Tabbi, dès son introduction, évoque aussi un grand moderne américain : Henry Adams. Il observe :

> Écrivant en 1905, l'année où Einstein publia ses premiers papiers sur ce qui allait devenir les domaines de la relativité et de la mécanique quantique, Adams ne pouvait qu'anticiper une période marquée, à tous les niveaux, par la discontinuité, alors que l'incertitude entrerait dans nos représentations de la matière et de la force les plus fondamentales[42].

Lorsqu'on regarde les choses de près, on s'aperçoit que, dans les différentes « périodisations » que l'on peut offrir de l'histoire de la culture, une rupture essentielle est précisément celle de la *modernité*, période de toutes les audaces, de tous les espoirs (avec Adams et Einstein, il y aura Apollinaire, Russell, Pound, Kandinsky, Brouwer, Marinetti, Scriabine, Duchamp, etc.[43]). Des études spécialisées se sont multipliées récemment sur cette question. Je mentionnerai plus particulièrement l'ouvrage collectif édité par Christian Berg, Frank Durieux et Geert Lernout : *Le tournant du siècle*. On y trouve le texte de Wladimir Krysinski distinguant ce qu'il appelle les « avant-gardes d'ostentation » (futurisme, dadaïsme, etc.) des « avant-gardes de faire cognitif » qu'il fait débuter à la fin des années 1950. Pour les premières, il observe :

> La vie de la littérature et de l'art ne peut pas être pensée en dehors d'une dynamique permanente, ininterrompue par le surgissement, l'affaiblissement et l'évanescence de langages transgressifs[44].

Citant des auteurs où il voit s'accomplir une « conjonction sémiotique des quatre structures [...] : la subjectivité, l'ironie, la fragmentation et l'auto-réflexivité », il conclut :

> L'avant-garde est alors un discours qui réécrit constamment l'expérience esthétique. Par là même l'avant-garde maintient une relation active avec la modernité. Dans cette dialectique peut s'introduire le postmodernisme, mais comme une structure différentielle et non pas comme la fin de la modernité[45].

---

42. *Ibid., p. 2.*
43. Voir William R. Everdell, *The First Moderns*, Chicago, University of Chicago Press, 1997.
44. Vladimir Krysinski, « Les avant-gardes d'ostentation et les avant-gardes de faire cognitif : vers une description des langages transgressifs », *Le tournant du siècle. Modernisme et modernité dans la littérature et dans les arts*, Walter de Gruyter, 1995, p. 29.
45. *Ibid., p. 32.*

La contribution de Frank Hellemans est intitulée « Toward Techno-Poetics and Beyond : The Emergence of Modernist / Avant-garde Poetics out of Science and Media-Technology ». Le titre de la première section est : « From Marconi's Wireless Telegraphy to Marinetti's 'Wireless Imagination' ». On se souviendra que c'est en 1909 que Marconi reçut le prix Nobel de Physique et qu'en 1900 Henri Adams avait écrit *The Dynamo and the Virgin* à la suite de sa visite de l'Exposition universelle de Paris (avril/novembre 1900). Et lorsque Tabbi met en place un site Internet intitulé *Electronic Book Review* (<http://altx.com>), il nous permet souvent de revenir aux sources *modernes* du dialogue littérature-technologie. C'est ainsi qu'Eduardo Kac, inventeur du concept d'« *holopoetry* », place en exergue à l'un de ses articles ces deux vers d'Apollinaire (tirés du premier texte des *Calligrammes*, un poème intitulé — merveilleuse coïncidence — « Fenêtres ») :

> Il y a un poème à faire sur l'oiseau qui n'a qu'une aile
> Nous l'enverrons en message téléphonique.

Dans la même « revue électronique », on peut lire aussi un essai de Linda Darlymple Henderson : « Marcel Duchamp's The King and Queen Surrounded by Swift Nude (1912) and the Invisible World of Electrons[46] ». Elle y évoque, elle aussi, à côté de Duchamp, les figures d'Adams, Apollinaire, Cendrars, Crookes, Jarry, Marinetti, Poincaré, Pound, Roussel, Rutherford, etc. Le tournant du siècle, c'est donc, dans tous les domaines, un changement de « paradigme » où, sans qu'on en soit parfaitement conscient, le modèle mécaniste dominant fait place à un modèle « électroniste ». C'est ce qui m'amène à penser que le courant postmoderne n'est peut-être au fond que la manifestation d'une nostalgie, le regret d'une unité introuvable, d'une grande œuvre inaccomplie comme d'espoirs immenses que les massacres de la première guerre mondiale, puis les dérives des mouvements révolutionnaires ont anéantis. Il est frappant d'observer l'instabilité politique de certains postmodernes qui se situent souvent à l'ultra-gauche, mais viennent parfois de l'extrême-droite (Blanchot, De Man). Lyotard et Derrida défendent souvent des positions anti-capitalistes, féministes et autres revendications « politiquement correctes ». Mais chez beaucoup d'entre

---

46. Voir <http://altx.com/ebr/w(ebr)/essays/henderson.htm>. Elle a développé depuis son analyse dans son grand ouvrage *Duchamp in Context*, Princeton, Princeton University Press, 1998.

eux, c'est en fait la leçon des modernes que l'on s'efforce de répéter (Duchamp pour Lyotard, Mallarmé pour Derrida)[47].

Plus inquiétant encore que l'énervement politique est le trouble épistémologique qui se manifeste chez les auteurs de cette mouvance à propos des avancées de la science, en particulier dans le domaine de la physique et de la mathématique. C'était précisément l'objet du canular d'Alan Sokal que de dénoncer les dangers d'une confusion des genres fondée sur un usage frauduleux de la métaphore. Bien entendu, les techniques, y compris la technique informatique, ont été mises à contribution dans le débat : après les « dérives » provoquées par une interprétation superficielle du deuxième principe de la thermodynamique, de la relativité restreinte et de la mécanique quantique (notamment le fameux « principe » d'Heisenberg)[48], ce sont la mathématique et la logique qui ont été mises à contribution : le théorème de Gödel, notamment a nourri de nombreuses spéculations sur les limitations de notre rationalité[49].

Le thème de l'intelligence artificielle a donné naissance en particulier à de nombreux affrontements, avec la contribution involontaire d'un nouveau venu : Alan Turing accompagné de son fameux « test ». La polémique qui s'est développée à ce sujet nous intéresse particulièrement car les programmes les plus sophistiqués de création littéraire assistée par ordinateur mettent nécessairement en jeu des modules d'inférence et de corrélation thématique qui permettent de filtrer les productions des modules combinatoires.

Aussi doit-on saluer la parution récente du livre de John Casti : *Un savant dîner*[50] où l'auteur fait dialoguer Turing, Wittgenstein, Haldane et Schrödinger au cours d'un repas organisé et présidé... par C. P. Snow. Les convives y échangent les meilleurs arguments possibles *pro* et *contra* la possibilité d'une intelligence des machines, d'une société de machines, etc. Le débat est très vivant, parfois véhément, toujours honnête : ici c'est la littérature qui apporte de la raison au débat philosophique !

Il faut donc apprécier comme il le mérite le travail linguistique et

---

47. Josiane Joncquel-Patris parle, à propos des mouvements culturels des années 1950, d'un *rebond* de la grande rupture du début du siècle (communication personnelle).

48. La production romanesque de langue française en a subi la contagion, non sans un considérable battage médiatique. Voir Michel Rio, *Le principe d'incertitude*, Paris, Seuil, 1993 et Michel Houellebecq, *Les particules élémentaires*, Paris, Flammarion, 1998.

49. Tous ces thèmes sont déjà présents chez Lyotard.

50. En anglais *The Cambridge Quintet*. Traduction française par Alain Bouquet, Paris, Flammarion, 1998.

informatique d'Andrew Bulhak[51], travail qui, d'une certaine façon, anticipe celui de Sokal tout en se situant sur le terrain même qu'affectionne un Gregory Ulmer. Voici le résumé de cette communication :

> Les réseaux de transition récursifs constituent une abstraction liée aux grammaires libres de contexte et aux automates finis. Il est possible, d'engendrer des textes aléatoires, dépourvus de sens mais d'allure réaliste dans le cadre d'un genre donné en utilisant des réseaux de transition récursifs, avec, souvent, des résultats plutôt amusants. Un genre pour lequel cela a été accompli est celui des textes universitaires sur le postmodernisme.

Le rapport donne d'utiles détails sur les *recursive transition networks* (un concept essentiel pour la construction d'automates linguistiques). Le moteur d'inférence, initialement baptisé «*pb*» a reçu ensuite le nom de «*dada engine*[52]». Ces deux appellations ne peuvent évidemment que me convenir ! Voici un échantillon de texte «postmoderne» ainsi produit :

> If one examines postdialectic discourse, one is faced with a choice : either accept the neosemanticist paradigm of context or conclude that the collective is capable of deconstruction, but only if Sartre's model of the cultural paradigm of reality is invalid ; otherwise, Lacan's model of subcultural Marxism is one of «subcultural prepatriarchal theory», and therefore part of the failure of reality.
>
> The subject is interpolated into a subcultural Marxism that includes truth as a totality. Therefore, several theories concerning the cultural paradigm of reality exist.

Il s'agit donc — présenté avec tout le sérieux académique voulu — d'un «littéraciel» (c'est le néologisme que propose l'ALAMO pour désigner les programmes informatiques de création littéraire assisté). Mais au lieu de récits du type «conte à votre façon», ou de fragments de pièces de théâtre, il s'agit de pseudo-essais philosophiques «à la mode» ! Il aurait été intéressant de soumettre un texte ainsi produit à une revue branchée !

---

51. Andrew Bulhak, *On the Simulation of Postmodernism and Mental Debility Using Recursive Transition Networks*, Technical Report N° 96/264, Department of Computer Science, Monash University (Australia), 1996.
52. Ce moteur d'inférence est accessible à l'adresse : <http://www.zikzak.net/~acb/dada/>.

Machines à écrire, machine à lire

BERNARD MAGNÉ

Voyez, voyez la machine tourner.

ALFRED JARRY, *Ubu cocu ou l'Archéoptéryx*

Machines à écrire est un CD-ROM (édité chez Gallimard Multimédia) conçu par Antoine Denize (pour l'élaboration graphique, sonore et interactive) et le signataire de cet article (pour la partie documentaire, historique et littéraire, et pour certains générateurs textuels). J'en retracerai ici la genèse avant d'en décrire l'organisation et les objectifs.

Au départ du projet, il y a le travail d'Antoine Denize et Carol-Ann Holzberger sur le texte de Raymond Queneau, *Un conte à votre façon* :

> Ce texte, soumis à la 83e réunion de travail de l'Ouvroir de Littérature Potentielle, s'inspire de la présentation des instructions données aux ordinateurs, le lecteur ayant à chaque moment à sa disposition deux continuations, suivant que les aventures qui arrivent aux "trois alertes petits pois" lui conviennent ou non. Présenté sous forme de graphe bifurcant [*sic*], on y voit apparaître une imbrication de circuits, chemins convergents, etc., dont on pourrait analyser les propriétés en termes de la Théorie des graphes[1].

Un conte à votre façon appartient à ce que j'appelle la littérature pré-informatique, c'est-à-dire l'ensemble des textes antérieurs à l'existence et à l'utilisation des ordinateurs, mais dont les structures combinatoires semblent inviter tout naturellement à une adaptation informatique.

---

1. Claude Berge, « Pour une analyse potentielle de la littérature combinatoire », dans OuLiPo, *La littérature potentielle*, Paris, Gallimard, 1973, p. 55-56. Le texte de Queneau se trouve dans le même volume, p. 272-280.

L'*Atlas de littérature potentielle* propose d'ailleurs un exemple de réalisation informatique de ce conte «selon un programme conçu et réalisé par Dominique Bourguet[2]». Écrire un tel programme ne pose aucun problème même aux informaticiens débutants, auxquels l'exercice est d'ailleurs fréquemment proposé. Présentée aux États généraux de l'écriture multimédia (Vidéothèque de Paris, 26-28 septembre 1995), l'adaptation d'Antoine Denize et Carol-Ann Holzberger tranchait radicalement avec ce qui se faisait jusque-là en matière de programmation littéraire par le soin apporté à la mise en scène et au graphisme.

Des dizaines d'informaticiens frottés de littérature ou de littérateurs frottés d'informatique — nous en étions! — avaient depuis longtemps peaufiné les programmes permettant de raconter à leur façon l'histoire des trois alertes petits pois. Mais dans la petite cosmogonie littéraro-informatique (ou informatico-littéraire), c'était la préhistoire. Ce qui fascinait, c'était l'aisance, la rapidité avec laquelle un parcours s'affichait. Quant à l'esthétique de la chose, qui s'en souciait? On soupçonnera même certains — en étions-nous? — de s'être délectés du côté «brut de décoffrage» de ce qui se donnait à lire. Plus ça vous avait des allures de listing, plus c'était garanti «fait à la machine». Les mêmes qui ne juraient que par le pain roux, le veau complet et le sucre élevé sous la mère (ou quelque chose comme ça) retrouvaient dans l'austérité janséniste de l'écran monochrome et le pointillisme hésitant de l'imprimante à aiguilles la preuve que ce qu'on avait sous les yeux, vraiment, aucun homme ne l'aurait fait (ne parlons pas d'une bête). De toute manière, prétendions-nous avec quelque malice, aucun homme n'est jamais assez fort pour ce calcul.

C'est au cours de ces États généraux que j'ai rencontré pour la première fois Antoine Denize et que nous avons évoqué une suite possible à la chose, avec l'autre classique quenien de la combinatoire, les *Cent mille milliards de poèmes* mais aussi d'autres auteurs parmi lesquels Calvino et son *Château des destins croisés* et Perec — je citais *Un petit peu plus de 4000 poèmes en prose pour Fabrizio Clerici*, les *81 fiches-cuisines à l'usage des débutants* et les *Deux cent quarante-trois cartes postales en couleurs véritables*. Or il se trouvait qu'Antoine Denize souhaitait depuis longtemps faire quelque chose à partir de ces *Cartes postales*, sans savoir qu'il s'agissait d'une machine combinatoire; alors que de mon côté, j'avais mis la main sur les plans manuscrits de ladite machine à laquelle j'avais consacré un article dont la rigueur lumineuse n'avait hélas pas

---

2. OuLiPo, *Atlas de littérature potentielle*, Paris, Gallimard, 1981, p. 306-310.

suffi à assurer une large diffusion au-delà de la quelque dizaine de groupies qui ne manqueraient pour rien au monde mes interventions au séminaire Perec[3].

Ici prend place ce que les adeptes de la narratologie selon Genette appelleraient une ellipse, dont le contenu anecdotique correspondrait aux différentes tractations avec l'éditeur concernant aussi bien les questions de droit que les problèmes de contrat, ellipse au terme de laquelle le futur produit a trouvé sa forme définitive.

Machines à écrire est donc construit autour de trois textes combinatoires : *Un conte à votre façon*, de Raymond Queneau, *Cent mille milliards de poèmes*, du même Queneau Raymond et *Deux cent quarante-trois cartes postales en couleurs véritables* de Georges Perec. *Le château des destins croisés* a disparu, devant le refus des ayants droit d'accorder l'autorisation pour l'adaptation multimédia. Chaque texte a sa propre mise en scène et, le cas échéant, un ou plusieurs modules explicatifs. L'ensemble est complété par ce que j'appellerai « la galaxie combinatoire », présentation globale de ce qu'a été et est aujourd'hui la littérature combinatoire.

Un conte à votre façon

C'est le travail le plus ancien, sorte de butte témoin de l'histoire de *Machines à écrire*. Il repose sur deux principes, qu'on retrouvera dans les autres mises en scène. D'une part, le choix d'un univers de référence qui donne à l'exploration du texte une unité graphique et esthétique : ici c'est l'école primaire « à l'ancienne », évoquée par les détails visuels (cahier, plumier, billes, marelle, etc.) et sonores (dictée, voix d'enfants, cour de récréation, etc.). D'autre part, le refus d'une navigation mécaniste amplifiant le système de choix binaire : ici pas de boîte de dialogue avec cases OUI ou NON à cocher, mais une circulation intuitive, provoquant au gré des déplacements de la souris des événements sonores (murmures, bribes de dialogues) ou visuels (biffures, flou, taches d'encre) qu'on interprétera comme des manières d'accepter ou non une suite possible. À la fin de son parcours, l'utilisateur peut entendre la version originale du conte qu'il aura construite par la succession de ses choix, que visualise en même temps le déplacement sur un jeu de marelle.

---

3. Bernard Magné, « Construire l'anodin : les *Deux cent quarante-trois cartes postales en couleurs véritables* », *Le Cabinet d'amateur*, n° 1, printemps 1993, p. 29-55.

Cent mille milliards de poèmes

On connaît le principe : 10 sonnets, écrits de telle sorte que chaque vers de même rang soit permutable, grâce à une compatibilité de rime, de syntaxe et (dans une mesure plus floue) de sens. On sait aussi la solution retenue pour l'impression : Massin imagine 10 feuillets à 14 lamelles, chaque vers étant imprimé sur une lamelle[4]. Spectaculaire, mais terriblement malcommode. En comptant, dans sa petite arithmétique amusante, 15 secondes « pour changer les volets », Queneau me semble bien optimiste ! Ici le triomphe de la machine est total. Le lecteur potentiel se voit offrir cinq outils différents pour manipuler le texte.

L'un est purement aléatoire : il affiche un des cent mille milliards de poèmes obtenu par 14 choix stochastiques successifs. C'est la seule occasion pour le lecteur, en survolant chaque vers de son poème, d'avoir accès aux très savantes notes de l'édition de la Pléiade, qui a tenté de se racheter en compensant par un brin de cuistrerie l'anéantissement radical de toute potentialité.

Un second (dans l'ordre de ma description, dramatiquement prisonnière de la linéarité de l'écrit ; mais à l'écran on peut accéder dans n'importe quel ordre à chacun des cinq outils) s'appelle « Mot à mot ». Au départ, il affiche un des 10 sonnets-géniteurs (l'expression est de François Le Lionnais, vieux complice de Queneau en Oulipie). L'utilisateur peut alors modifier, vers par vers, avec la plus totale liberté, le choix de chaque vers, composant ainsi son poème à la carte et il peut aussi à tout instant revenir à l'un des 10 sonnets-géniteurs. C'est l'outil de manipulation le plus puissant et le plus efficace.

Un troisième outil porte le nom de « Perso » : il fabrique un poème à partir d'un nom ou d'un prénom ou de n'importe quelle suite de lettres et grâce à une série de calculs qui s'affichent à l'écran, ce qui prouve que l'esprit de géométrie n'est pas forcément incompatible avec celui de finesse.

Un quatrième outil s'intitule « Chrono » et, comme son nom le laisse deviner, il fabrique un poème en tenant compte de l'heure indiquée par l'horloge interne de l'ordinateur.

Enfin le cinquième et dernier outil, du nom de « Bingo », est un jeu : à partir d'un poème aléatoirement généré, il propose à l'usager de reconstituer un des poèmes-géniteurs, en indiquant à chaque manipu-

---

4. Je ne mentionne que pour la dénoncer avec la plus grande indignation la solution retenue pour le tome I de ses œuvres dans la « Bibliothèque de la Pléiade » : l'impression standard, comme n'importe quel sonnet du premier parnassien venu.

lation le nombre de vers issus d'un même poème. Quelque chose, si l'on veut, comme un *Mastermind* poétique.

Ces cinq outils ont des propriétés communes : à partir de n'importe lequel d'entre eux, on peut :

a) écouter le poème généré ;
b) sauvegarder le poème généré pour le retrouver ultérieurement ;
c) imprimer le poème généré ;
d) accéder à un module combinatoire, sorte de structure vide reprenant celle du texte de Queneau, c'est-à-dire permettant de combiner (au maximum) 10 groupes de 14 éléments. Il appartient au lecteur de s'initier au plaisir des combinaisons en remplissant lui-même ce moule comme il le souhaite pour obtenir, par exemple, un générateur de mots d'amour, des variations sur l'incipit de *À la recherche du temps perdu*, ou tout autre machine parfaitement inutile propre à désespérer ceux pour qui l'informatique permet essentiellement de gérer en temps réel des portefeuilles de valeurs boursières. Il s'agit donc d'une manière de « self-service » combinatoire, traduction pratique et concrète d'un des grands principes organisateurs du CD-ROM : l'interactivité maximale donnant à l'utilisateur, aussi souvent que possible, l'occasion de prendre les choses en main.

Deux cent quarante-trois cartes postales en couleurs véritables

Bien qu'obéissant au même système que les *Cent mille milliards de poèmes* (celui qui, dans le CD-ROM, est appelé « littérature exponentielle »), les *Deux cent quarante-trois cartes postales en couleurs véritables* de Georges Perec ont un fonctionnement pragmatique différent. Queneau met en place un dispositif virtuel : c'est au lecteur qu'il appartient d'actualiser certaines (quelques-unes) de ses potentialités. Perec a une autre stratégie : son système est moins puissant puisqu'il ne produit que 3^5, soit 243 objets différents (au lieu de 10^{14}, soit 100 000 000 000 000 objets différents pour Queneau). Mais il les actualise tous. Au potentiel, Perec préfère l'exhaustif. Je n'analyserai pas ici les raisons de ce choix, qui n'est pas de circonstances : il relève de ce que j'ai appelé ailleurs l'autobiographème du manque et constitue à ce titre à la fois un trait caractéristique de l'écriture perecquienne et un moyen de marquage autobiographique[5]. En revanche, cette stratégie d'actualisation exhaustive posait un problème de mise en scène : comme rendre *dynamique* une combinatoire *figée* ? La solution a consisté à transposer les virtualités

---

5. Voir Bernard Magné, « L'autobiotexte perecquien », *Le Cabinet d'amateur*, n° 5, juin 1997, p. 5-42.

combinatoires dans le domaine que Perec n'avait pas abordé : celui de l'image. Puisque les textes, bien que résultant d'une combinatoire, étaient fixes et ne se prêtaient donc plus qu'à une exploration classique (comme n'importe quel autre texte numérisé, par exemple *Les liaisons dangereuses* ou *Les lettres* de Mme de Sévigné, pour m'en tenir à des manifestations épistolaires fictives ou réelles), il fallait créer de toutes pièces pour ces cartes postales un recto virtuel. D'où le programme mis au point par Antoine Denize : au lieu d'associer une fois pour toutes un cliché fixe à chaque carte postale (stratégie de pure illustration, à laquelle sacrifient hélas la plupart des productions multimédias), l'image d'une carte postale est obtenue par combinaison d'éléments graphiques divers de telle sorte que deux consultations successives du même texte produiront deux rectos illustrés différents, quoique toujours thématiquement et visuellement en relation avec le lieu d'émission de la carte postale. Toutes choses égales d'ailleurs, cette transposition du textuel à l'iconique rappelle la façon dont Perec imagine d'adapter à l'écran son roman lipogrammatique *La disparition* : non point en illustrant l'histoire racontée, mais en recherchant pour le langage spécifique des images l'équivalent de son lipogramme et proposant alors un film dans lequel on ne verrait jamais le visage des acteurs[6].

Poussant jusqu'au bout la logique de l'interactivité, le CD-ROM présente en parallèle avec le texte perecquien un générateur d'images pour des cartes postales dont l'utilisateur écrit lui-même le texte. Un subtil système d'indexation permet une adéquation au moins acceptable entre image et texte, un énoncé comme « On se régale à escalader des montagnes superbes » déclenchant l'apparition de massifs escarpés, tandis que « On va tous les jours à la plage » provoquera le surgissement d'un bord de mer enchanteur[7]. Toute image ainsi créée est susceptible de modifications multiples, puisqu'on peut à son gré modifier le premier plan, le second plan, le lointain, le ciel, les couleurs, la bordure et même rajouter ces suppléments raffinés (Bisous, Papillons, Pin-up, etc.) qui sont à l'illustration d'une carte postale « ce que le trait d'angustura est au Manhattan[8] ».

Enfin, autour du texte de Perec et du générateur qui lui est associé, on trouvera un module expliquant en détail, manuscrits à l'appui,

---

6. Voir Georges Perec, « Signe particulier néant », dans Christian Janicaud, *Anthologie du cinéma invisible*, Arte Éditions/Jean-Michel Place, 1995, p. 467 et sq.

7. Évidemment, il y aura toujours des esprits forts pour taper « Souvenir de la montagne Sainte-Geneviève » et s'indigner de ne pas voir apparaître le Panthéon...

8. Citation extraite du CD-ROM et destinée à allécher l'éventuel chaland.

toute la fabrication de la machine elle-même : à la fois les matériaux (listes de villes, de pays, d'hôtels, de syntagmes verbaux) et les outils algorithmiques pour régler leurs permutations : polygraphie du cavalier, carré magique, boustrophédon et autres gracieusetés qui font des cartes postales un des textes perecquiens où les contraintes sont à la fois les plus complexes et les plus invisibles. Bref, tous les manuscrits préparatoires que j'ai découverts dans le fonds Perec retrouvent ici une nouvelle vie grâce à leur mise en écran animée.

Biographies

Fidèle à sa réputation de sérieux, la maison Gallimard exigeait que *Machines à écrire* comportât[9] un minimum de renseignements biographiques sur nos deux auteurs. Il n'était évidemment pas question d'inclure dans ce CD-ROM deux banales notices comme pouvait en fournir le premier dictionnaire de littérature venu. Pour Queneau, qui avait l'avantage d'avoir rédigé sa propre autobiographie en vers (*Chêne et chien*), j'ai pris le parti de proposer sept séquences (« Sept vies brèves de Monsieur Queneau ») fournissant chacune assez de renseignements pour situer l'auteur à défaut de briller en demi-finale de *Questions pour un champion*, mais en me limitant volontairement à des extraits significatifs de ses poésies et en respectant autant que possible le goût de l'auteur pour les effets de discrétion ironique et d'humour déceptif. Pour Perec, c'est son amour des puzzles et des dictionnaires et sa manière toujours fragmentaire et oblique de parler de soi qui m'ont conduit à imaginer, de A (**A.** n. m. Première lettre de l'alphabet. Première voyelle. Georges Perec a écrit un texte monovocalique en A : *What a man !*) à ZÜRN (**ZÜRN** [Unica], peintre et écrivain allemand [1916-1970]. On a pu repérer au moins une citation de son récit, *Sombre Printemps*, dans *La vie mode d'emploi*), 286 notices (26 x 11, parce qu'il y a 26 lettres dans l'alphabet et que le nombre 11 est le nombre perecquien par excellence[10]) dont chacune commence par une définition de dictionnaire et s'achève avec une ou plusieurs allusions minuscules à la vie ou à l'œuvre de Georges Perec. L'ensemble s'explore de manière à la fois contrôlée (on peut choisir la lettre) et aléatoire (à l'intérieur de la

---

9. On remarquera que l'amour de la combinatoire n'exclut pas le respect de la concordance des temps ni le maniement de l'imparfait du subjonctif.

10. Je renvoie encore à mon article « L'autobiotexte perecquien ». Je m'aperçois en relisant ce texte que 286 c'est aussi 243 + 43 et 43 est un autre nombre perecquien majeur, très souvent associé au 11. Décidément...

lettre choisie, l'ordre d'apparition des notices reste soumis au hasard), un peu à l'image du mélange d'arbitraire et de volontaire qui caractérise le fonctionnement de certains paramètres du cahier des charges de *La vie mode d'emploi*.

La galaxie combinatoire

Ce grand module constitue, si l'on veut, l'arrière-plan historique et théorique des trois textes présentés. Il s'organise autour de plusieurs centres principaux, sortes de planètes pourvues de leurs satellites : « Les précurseurs » (qui évoquent essentiellement certaines pratiques des grands rhétoriqueurs), « Écrire est une combinatoire », où sont analysées les deux stratégies que peut suivre la fabrique textuelle par concaténation d'éléments (stratégie de rupture ou stratégie de suture : exalter la discohérence ou rechercher la cohérence), « Un texte peut en cacher un autre », où sont regroupées des pratiques d'encryptage simples aboutissant à écrire plusieurs (au moins deux) textes sous le couvert d'un seul, et enfin les trois grandes catégories de littérature combinatoire : la littérature exponentielle (comme les *Cent mille milliards de poèmes*), la littérature factorielle (qui permute ses éléments à divers niveaux linguistiques, de la lettre à la page) et la littérature ambulatoire (comme le *Conte à votre façon*). Au total, une bonne quarantaine d'auteurs plus un solide contingent de manipulations en tout genre : du plus simple (le fameux billet à la marquise du *Bourgeois gentilhomme*, exemple élémentaire de permutation de mots ou groupes de mots) au plus sophistiqué, comme l'étonnant palindrome de mots de l'oulipienne Michèle Grangaud.

Jeux et enjeux

Prenant les choses d'un peu plus loin, je voudrais terminer cette revue de détail par quelques réflexions d'ordre plus général sur l'ambition qui guida la main du duo auctorial.

Choisir la littérature combinatoire comme sujet d'un CD-ROM ne relève pas d'un goût un tantinet pervers pour les textes marginaux ou peu connus (quoique…). C'est tout simplement prendre en compte l'exceptionnelle adéquation entre un mode spécifique d'écriture et les propriétés particulières d'un support : tout se passe comme si, avec le multimédia, la littérature combinatoire avait enfin trouvé les dispositifs techniques qu'elle suggérait et exigeait. Là où, chez Swift, l'académicien de Laputa a besoin de tous ses étudiants pour mettre en branle les dizaines de manivelles de son invraisemblable assemblage de cubes et de fil de fer, l'auteur contemporain dispose d'un outil incomparablement plus maniable. Comme le disait Queneau à propos de son propre texte et des perspectives qu'il ouvrait, « il faudrait qu'on ait des machines. Ça va venir, ça viendra... » C'est venu, même si beaucoup reste à faire, notamment dans la gestion toujours rudimentaire de la composante sémantique de la langue.

Choisir la littérature combinatoire, c'est aussi explorer un territoire délaissé par une certaine conception traditionnelle que Perec dénonçait déjà dans son *Histoire du lipogramme* : « L'histoire littéraire semble délibérément ignorer l'écriture comme pratique, comme travail, comme jeu[11]. » *Machines à écrire* revendique au contraire pleinement cette dimension ludique et souscrit sans réserve à cette autre affirmation perecquienne : « L'on n'inscrit pas pour assombrir la population. »

Dans ce jeu, la part du lecteur est capitale. C'est pourquoi *Machines à écrire* suppose un utilisateur actif, toujours à l'affût des moindres aguets. D'où non seulement les multiples outils de manipulation textuelle mais aussi une conception exigeante de l'interactivité. La preuve : il arrive que le manipulateur maladroit de la galaxie combinatoire soit pris à parti par un très efficace générateur d'injures. Tout ce que vous avez voulu savoir sur Raymond Queneau et Georges Perec se trouve probablement dans ce CD-ROM, mais il faut le chercher, le rassembler, le construire : lire aussi est une combinatoire et *Machines à écrire* suppose (et, pourquoi pas, ambitionne de former) ce que Montaigne appelait joliment un « suffisant lecteur ».

Enfin, cette manière de propédeutique s'inscrit dans ce que les formalistes russes désignaient comme une esthétique de la dénudation, celle qui, loin d'occulter les dimensions formelles de l'œuvre, en exhibe au contraire les mécanismes. Disons-le tout net : la littérature combinatoire nous semble une très efficace machine de guerre contre les illusions soigneusement entretenues d'un naturalisme qui dissimule toujours sa dimension culturelle sous la très efficace couverture de l'évidence et du bon sens. Dans leurs excès mêmes et leurs manifestations les plus spectaculaires, les textes réunis et mis en scène dans *Machines à écrire* rappellent qu'en littérature, peut-être plus qu'ailleurs, il faut se souvenir de ce que disait Roland Barthes : « La nature, c'est la culture. » Ou encore, que tout est code. Donner à lire l'incroyable portrait de

---

11. OuLiPo, *La littérature potentielle, op. cit.*, p. 79.

Monsieur Knott et ses 81 permutations, ce n'est pas seulement dynami-ter tout effet de réel, c'est rappeler *a contrario* qu'un portrait réaliste est, lui aussi, issu d'une combinatoire : entre Knott et Goriot, la différence n'est pas celle du faux au vrai, mais celle de deux pragmatiques. Balzac combine tout autant que Beckett. Mais autrement, et sans le montrer. À défaut de fromage, cette leçon vaut bien un CD-ROM, sans doute.

Exercices de lecture.

Paroles d'autrui, paroles de soi :
Journal du dehors d'Annie Ernaux[1]

MONIKA BOEHRINGER

> La vie est autre que ce qu'on écrit. [...]
> Il se peut que la vie demande à être déchiffrée comme un cryptogramme.
>
> ANDRÉ BRETON, *Nadja*

Texte secret, texte sans destinataire[2], ou « [d]ialogue avec soi-même, soliloque augustinien[3] », mais aussi « échappatoire pour les esprits confus, une des impasses de la littérature[4] », voici quelques qualificatifs d'un genre considéré somme toute marginal, le journal intime. Tantôt apprécié comme outil d'une meilleure connaissance de soi, tantôt méprisé comme miroir narcissique et trompeur, le journal intime pose problème, problème dont certains diaristes sont bien conscients : « Est-il pire danger, pire paralysie, que de s'isoler à fixer sans fin ses regards sur moi ! Par là l'histoire du monde, la vie des hommes, la société, tout en somme s'évanouit, et, comme les Omphalopsychites dans un cercle étroit, on finit par ne plus voir que son propre nombril[5]. » Si les praticiens de l'écriture personnelle considèrent eux-mêmes leur activité

---

1. Article rédigé dans le cadre de recherches sur l'autobiographie au féminin effectuées grâce à une bourse postdoctorale « Killam » pour laquelle je tiens à remercier l'Université Dalhousie.

2. Jean Rousset, « Le journal intime, texte sans destinataire ? », *Poétique*, n° 56, 1983, p. 435-443.

3. Béatrice Didier, *Le journal intime*, Paris, PUF, 1976, p. 24.

4. Cette citation de l'écrivain allemand Arno Schmidt se trouve dans l'ouvrage de Pierre Hébert (avec la collaboration de Marilyn Baszczynski), *Le journal intime au Québec : structure, évolution, réception* Montréal, Fides, 1988, p. 10.

5. Kierkegaard, cité par Béatrice Didier, *op. cit.*, p. 110.

comme problématique, il n'est pas étonnant que l'étude de ce genre comporte, elle aussi, des difficultés. Tout d'abord se pose la question des objectifs : comment analyse-t-on une écriture qui, en dehors de la datation, semble informe ? La question du corpus n'est pas moins épineuse : suffit-il d'étudier les journaux intimes d'écrivains connus (Mme de Staël, Stendhal, Constant, Sand, Gide, etc.)[6] ? Afin de vraiment pouvoir circonscrire le genre, ne faudrait-il pas inclure les écrits journaliers de gens inconnus bien qu'ils soient difficiles d'accès puisqu'ils restent, pour la plupart, inédits ?

Relevant ce défi, Philippe Lejeune s'est penché, entre autres, sur les journaux intimes tenus par des jeunes filles entre 1783 et 1914 (dont certains sont publiés, d'autres restant inédits), recherche qu'il a publiée dans son livre *Le moi des demoiselles*[7]. D'autres s'intéressent à l'écriture personnelle d'un point de vue sociologique, par l'intermédiaire de questionnaires et d'entretiens subséquents[8], tandis que certains examinent un corpus bien défini, tel Pierre Hébert dans son étude précitée *Le journal intime au Québec*. Ce qui retient mon intérêt dans la présente étude, c'est un ouvrage quelque peu atypique : *Journal du dehors* d'Annie Ernaux[9] n'est pas un journal intime, voué à l'exploration de soi ; ce mince livre est, comme l'indique son titre, consacré au dehors, à l'espace extérieur habité par les autres.

Tout en adoptant superficiellement les aspects d'un journal intime — des entrées brèves, fragmentées, divisées par des blancs et groupées en huit grandes parties qui sont datées de 1985 jusqu'en 1992 —, le texte déjoue ces apparences par le choix de sa matière première, les

---

6. Les trois livres portant sur le journal intime en France sont justement consacrés aux écrivains renommés. Voir Alain Girard, *Le journal intime et la notion de personne* (Paris, PUF, 1963), Michèle Leleu, *Les journaux intimes* (Paris, PUF, 1952), et le livre précité de Béatrice Didier (voir note 3).

7. Philippe Lejeune, *Le moi des demoiselles. Enquête sur le journal de jeune fille*, Paris, Seuil, « La couleur de la vie », 1993. Lejeune a aussi publié « Les inventaires de textes autobiographiques » (*Histoire, économie et société*, vol. XV, n° 2, 1996, p. 299-322), une véritable mine de références dans le domaine de l'autobiographie et du journal intime. Ses livres les plus récents sur l'écriture personnelle sont *Brouillons de soi* (Paris, Seuil, « Poétique », 1998) et *Pour l'autobiographie* (Paris, Seuil, « La couleur de la vie », 1998). Son rôle dans la création de l'Association de l'autobiographie et du patrimoine autobiographique (APA) a été décisif. L'APA est devenue un centre important de collection et d'étude de textes personnels — autobiographies, journaux intimes, mémoires, etc. Voir le catalogue de l'exposition réalisée par l'APA : *Un journal à soi ou la passion des journaux intimes*, établi par Ph. Lejeune avec la collaboration de Catherine Bogaert (Lyon, Association pour l'autobiographie et le patrimoine autobiographique, Bibliothèque municipale de Lyon, 1997).

8. Malik Allam, *Journaux intimes : une sociologie de l'écriture personnelle*, Paris/Montréal, L'Harmattan, 1996.

9. Annie Ernaux, *Journal du dehors*, Paris, Gallimard, « Folio », 1993.

autres, non soi-même. Certes, d'aucuns ont déjà constaté que « [l]e journal qui pourrait sembler le refuge de l'individu et le lieu privilégié du secret, est, en fait, un genre fort ouvert à la présence d'autrui[10] ». Toutefois, cette ouverture reste limitée, car le « moi » garde presque toujours la position centrale du journal, tandis que les autres, situés à la circonférence, forment une sorte de repoussoir pour le sujet énonciateur. *Journal du dehors*[11] subvertit les rôles figés de ce je(u) : au lieu de se replier sur soi-même, le « je » de l'observatrice/scriptrice reste dissimulé dans les marges, tandis que l'autre prend le devant de la scène.

Le cadre spatial où se jouent les actes de *Journal du dehors* est constitué par la « Ville Nouvelle » (*JDD*, 12), espace urbain que l'observatrice esquisse d'un œil vif et précis dans chaque fragment. Selon Ernaux, la Ville Nouvelle n'est pas un lieu concret, c'est plutôt une ville virtuelle, amalgame imaginaire des banlieues parisiennes[12]. Certains endroits échappent pourtant à l'anonymat. Ainsi sont nommés, entre autres, Achères-Ville (*JDD*, 14), l'université à Nanterre (*JDD*, 54 et 72), le train Cergy-Paris (passim) et, à Paris, la gare Saint-Lazare (passim), la Défense (*JDD*, 106), aussi bien que de nombreuses stations et lignes de métro et de R.E.R. Tous ces exemples mettent en relief que le Paris qui se dessine à travers *Journal du dehors* n'est pas le référent illustre des guides touristiques, avec ses monuments et ses musées, c'est plutôt un Paris gris, traversé par nécessité : on s'y rend au travail, fait des courses, va au coiffeur ou à la boucherie (passim), tandis que les visites aux boutiques, galeries et aux musées se font assez rares (*JDD*, 21, 32, 67, 75, 95, 100-101). Bref, la Ville Nouvelle présente l'espace-temps du quotidien, comme il le convient à un journal fixant les événements du jour-au-jour.

La même tendance régit la représentation des personnages : la scriptrice décrit surtout ceux qui, d'habitude, ne retiennent pas le regard : caissières et vendeuses, passagers anonymes du R.E.R., petites vieilles, mendiants, mères et enfants. Certains personnages sont pourtant singularisés : un ramasseur de caddies, réapparaissant dans plusieurs passages (*JDD*, 11-12, 39, 56-57), un Arabe soucieux (ou peut-être content) de ses achats (*JDD*, 13), une femme et un « type saoul » proférant des remarques racistes dans le métro (*JDD*, 17, 61-62), un Noir aux mains abimées par le travail (*JDD*, 43-44), une femme âgée emportée par l'ambulance

---

10. Béatrice Didier, *op. cit.*, p. 24.

11. Tout renvoi subséquent à ce livre sera inséré dans le texte précédé du sigle *JDD*.

12. Ernaux a fait cette remarque lors de sa visite à l'Université de Moncton, le 16 octobre 1997.

(*JDD*, 11-12), et un clochard qui, pour faire la manche, joue le rôle du clown (*JDD*, 78-79).

Dans un des passages autoréflexifs notés en 1986, la scriptrice se demande justement «[p]ourquoi [elle] raconte, décri[t], cette scène, comme d'autres qui figurent dans ces pages» (*JDD*, 36), question que se posent probablement tous ceux qui, feuilletant rapidement le livre, n'arrivent pas à saisir la signification des épisodes relatés. La réponse se donne par bribes, ici et là, par exemple à la fin de l'extrait mentionné où la diariste formule une première hypothèse :

> [N]oter les gestes, les attitudes, les paroles de gens que je rencontre me donne l'illusion d'être proche d'eux. Je ne leur parle pas, je les regarde et les écoute seulement. [...] Peut-être que je cherche quelque chose sur moi à travers eux, leurs façons de se tenir, leurs conversations. (*JDD*, 36-37)

Bien que peu assurée (le modalisateur «peut-être» en témoigne), cette réponse se fait l'écho de la citation mise en exergue de l'ouvrage : «Notre *vrai* moi n'est pas tout entier en nous» (Rousseau). Prenant cet énoncé (qui, venant d'un des plus grands Narcisses, ne peut qu'étonner) comme fil conducteur de *Journal du dehors*, la scriptrice explore les relations multiples entre «je» et «autrui». En notant le comportement et les paroles des autres, elle découvre les reflets de son propre «moi» chez des gens qui lui sont complètement étrangers. Même les graffiti, ces inscriptions anonymes qui sévissent dans toute grande ville et que la plupart considèrent comme fâcheuses, n'échappent pas à son attention. Porteurs de sens, ils sont si importants pour l'observatrice qu'elle en fait l'incipit de son texte :

> Sur le mur du parking couvert de la gare R.E.R. il y a écrit : DÉMENCE. Plus loin, sur le même mur, JE T'AIME ELSA et IF YOUR CHILDREN ARE HAPPY THEY ARE COMUNISTS. (*JDD*, 11)

Que penser d'énoncés comme «Démence» et «Je t'aime Elsa» qui crient au grand public ce qui est normalement réservé à l'espace intime ? Et comment comprendre le troisième des graffiti qui, en dehors de l'erreur d'orthographe que la scriptrice retient, semble agrammatical, puisque l'hypothèse formulée — «If your children are happy» — n'entraîne nullement la conséquence «they are comunists». L'espace typographique séparant les deux parties de l'énoncé renforce d'ailleurs visuellement l'impression que leur relation logique est défectueuse, que le rapprochement des deux éléments est forcé. Mais remettons à plus tard la question du sens de cet énoncé et réfléchissons à ce que signifie la présence des graffiti au seuil d'un prétendu journal. Car ce n'est pas par hasard que la scriptrice commence son «journal» de manière impersonnelle, avec des citations anonymes. Au contraire, ce geste énonciatif est révélateur, d'autant plus que le «je», sujet d'énonciation, s'esquive jusqu'à la fin de la première entrée (*JDD*, 12). Cette préférence de l'anonyme au personnel au seuil du texte ne fait que souligner le caractère ambigu de *Journal du dehors*: la scriptrice s'y approprie une forme consacrée, le journal intime, pour en faire autre chose, un journal du dehors, forum de voix multiples. La transformation générique annoncée dès le titre se poursuit au niveau de l'énonciation comme en témoigne l'incipit: dans les graffiti, l'intime s'écrit/se crie sur la place publique, tandis que le «je» de la scriptrice, instance soustendant tout le texte, se dissimule derrière des voix anonymes. Manifeste dès le début de *Journal du dehors*, ce dispositif énonciatif s'affirme par la suite: au lieu d'accaparer l'acte de parole, le «je» cède souvent sa place à des énonciateurs secondaires, le texte comprend autant de paroles d'autrui que de paroles de soi. À première vue, l'énonciation y semble donc dispersée, fragmentaire, rattachée à des instances variables dont l'une se substitue à l'autre, tout comme les entrées journalières qui se suivent sans ordre logique évident — des notes jetées sur un bout de papier, des bribes d'histoires.

Toutefois, cette dissémination n'est qu'illusoire. De fait, l'énonciation porte bien l'empreinte d'une subjectivité sous-jacente, subjectivité qui se fait remarquer par le choix des citations et des situations décrites dans le journal. C'est justement l'absence du «je» dans l'incipit qui nous incite à réfléchir sur les graffiti anonymes au début de ce «journal». Retournons pour y voir plus clair à la citation en anglais apparemment opaque et mal épelée: «IF YOUR CHILDREN ARE HAPPY THEY ARE COMUNISTS». En introduisant le terme de «communistes» (avant l'échec total du système politique de l'ex-URSS), l'énoncé renvoie non seulement aux enfants, mais à l'ensemble de la classe ouvrière. Puisque la scriptrice maintient l'erreur d'orthographe dans son propre texte et ne livre aucune explication de l'énoncé apparemment illogique, elle réussit à évoquer à la fois l'utopie de la pensée communiste — le bonheur et la justice pour la classe défavorisée dans le système capitaliste —, et le non-dit de l'énoncé qui est, pourtant, évident, car tout le monde sait qu'il y a maints obstacles au bonheur des enfants ouvriers: pauvreté, manque d'éducation, incapacité de se faire écouter, in-pouvoir. Par le biais de cette citation anonyme se révèle le vif intérêt du sujet énonciateur pour les travailleurs, chômeurs, clochards, bref, pour tous les marginaux de la société qui n'ont pas voix au chapitre. Cet intérêt ne peut surprendre, étant donné que la scriptrice insiste ailleurs sur le fait qu'elle-même est d'origine humble (*JDD*, 70, 74) et que son appartenance à deux classes sociales traverse toute son œuvre. En notant les graffiti, dialogues, plaisanteries, expressions familières aussi bien que les grossièretés des défavorisés qu'on trouve plus loin dans *Journal du dehors*, la scriptrice retrouve le langage de son enfance, «langage dominé» qui, d'habitude, ne s'écrit pas, qui est, en vérité, supprimé par le «langage dominant[13]».

Or, la transcription des graffiti ou de paroles entendues n'est pas la simple imitation d'un niveau langagier inférieur à celui du français standard employé dans la plupart des fragments. Car citer n'est jamais neutre, comme le rappelle Antoine Compagnon qui a mis en évidence le caractère profondément ambivalent de la citation. Celle-ci est, selon lui, «*un énoncé répété et une énonciation répétante*» si bien qu'«il ne faut jamais cesser de l'envisager dans cette ambivalence, la collusion, la confusion en elle de l'actif et du passif[14]». Chaque citation est donc marquée par la coprésence d'au moins deux instances énonciatives, ou même de plusieurs, comme c'est le cas dans la majorité des fragments journaliers chez Ernaux où les diverses instances productrices des énoncés cités côtoient l'instance re-productrice de la scriptrice qui, incluant telle parole et excluant telle autre, s'empare des énoncés originels pour ses propres fins. Quant aux lecteurs de *Journal du dehors*, c'est précisément la multiplicité des énonciateurs qui introduit un écart entre ces «usages de la parole», écart qui devient producteur de sens[15]. Si les intentions des créateurs des graffiti restent matière à spéculations («Démence»: s'agit-il d'une dénonciation de la société qui ne fait pas assez pour ses membres les plus démunis, ou est-ce plutôt un appel à une conduite extravagante? «Je t'aime Elsa»: est-ce la déclaration publique

---

13. Lors de son passage à Moncton en octobre 1997, Ernaux a insisté sur l'opposition entre le langage dominé et dominant. Dans *Annie Ernaux ou l'exil intérieur* (Amsterdam/Atlanta, Rodopi, 1996), Claire-Lise Tondeur souligne également la tension résultant de l'appartenance d'Ernaux à deux classes sociales, classe prolétaire sans voix dont elle est issue, et classe de la bourgeoisie à laquelle elle appartient de par sa profession (p. 8, 12-13). Contrairement à Tondeur, je ne crois pas que *Journal du dehors* soit entièrement motivé par le passé (p. 126), ni que la «narratrice [soit le] reflet fidèle de l'auteur» (p. 128), les rapports entre passé et présent, «je» et autrui étant beaucoup plus complexes qu'une lecture purement autobiographique laisse entendre.

14. Antoine Compagnon, *La seconde main ou le travail de la citation*, Paris, Seuil, 1979, p. 56. Compagnon souligne.

15. La partie suivante sur l'écart en tant que producteur de sens doit beaucoup aux réflexions sur le «figural» et l'écart que développe Laurent Jenny dans *La parole singulière* (Paris, Belin, 1990, p. 13-41).

d'un amour secret, une plaisanterie au frais de quelqu'un d'autre, ou un renvoi intertextuel à Aragon? Comment interpréter le troisième énoncé qui risque d'être inintelligible?), les effets de sens des graffiti que la scriptrice incorpore dans son texte à elle se laissent mieux saisir. Car l'étude de l'ensemble des entrées journalières révèle que les thèmes inhérents aux graffiti — folie, amour, la classe des dominés et leur bonheur/malheur — sous-tendent tout *Journal du dehors*. De fait, celui-ci est motivé par ces réseaux thématiques qui, sélectionnés et orchestrés par le sujet d'énonciation, deviennent son moteur textuel[16].

Souvent, les effets les plus frappants résultent de la seule façon dont la scriptrice juxtapose certains fragments sans y intervenir directement. Jamais elle ne fait de la littérature engagée, mais son parti pris vis-à-vis des pratiques qu'elle observe ne laisse pas de doute. Il apparaît par exemple dans les rares entrées consacrées à l'art (*JDD*, 21-22, 67-68), aux magasins chics (*JDD*, 32, 67, 75), aux mondes intellectuel et politique (*JDD*, 47, 51-52, 54) dont voici un exemple :

> Le président de la République [F. Mitterrand, en 1986] a parlé à la télévision dimanche. Plusieurs fois il a dit «beaucoup de petites gens» (pensent ceci, souffrent de cela, etc.), comme si ces gens qu'il qualifie ainsi n'écoutaient ni ne le regardaient, puisqu'il est inouï de laisser entendre à une catégorie de citoyens qu'ils sont des inférieurs, encore plus inouï qu'ils acceptent d'être traités ainsi. Cela signifiait aussi qu'il appartenait, lui, aux «grandes gens». (*JDD*, 39-40)

Puisque François Mitterrand est un président socialiste, son attitude condescendante à l'égard des ouvriers et employés qu'il représente supposément est inexcusable aux yeux de la scriptrice. Utilisant des codes incompréhensibles à la majorité des gens (*JDD*, 21-22), les représentants du pouvoir politique, économique et intellectuel, «dépays[és]» (*JDD*, 47) dans le monde réel, perdent toute sensibilité vis-à-vis de ceux qui ne font pas partie de leur groupe. Ils restent enfermés dans leurs tours d'ivoire respectives : la politique, l'art, l'argent et l'esprit. C'est contre cette tendance d'exclusion de l'autre, de tout ce qui n'est pas soi-même, que se formule le projet d'écriture de *Journal du dehors*, malgré la déclaration de la scriptrice :

> Les fragments, comme ceux que j'écris ici, me laissent insatisfaite, j'ai besoin d'être engagée dans un travail long et construit (non soumis au hasard des

16. Ce sont également les axes thématiques de l'œuvre entière d'Ernaux. À titre d'exemples, voir *La place* (Paris, Gallimard, 1983), *Une femme* (Paris, Gallimard, 1987), *Passion simple* (Paris, Gallimard, 1991), *La honte* (Paris, Gallimard, 1997), et «*Je ne suis pas sortie de ma nuit*» (Paris, Gallimard, 1997).

jours et des rencontres). Cependant, j'ai aussi besoin de transcrire les scè-nes du R.E.R., les gestes et les paroles des gens *pour eux-mêmes*, sans qu'ils servent à quoi que ce soit. (*JDD*, 85, Ernaux souligne)

Se laisse-t-on convaincre par le ton quelque peu résigné sur lequel se termine cet extrait? Certainement pas si on lit l'entrée suivante qui porte à faux l'affirmation que toutes ces notes sont finalement sans utilité quelconque : « Sur les murs de la gare de Cergy, il y a écrit, depuis les émeutes d'octobre : ALGÉRIE JE T'AIME, avec une fleur couleur de sang entre *Algérie* et *je* » (*JDD*, 85)[17]. Prolongeant l'écho du deuxième des graffiti en ouverture du texte, « Je t'aime Elsa », l'énoncé personnel antérieur est ici transformé en déclaration d'amour hautement politi-sée. Loin de transmettre une simple citation provenant d'une instance énonciative anonyme, le « je » de la scriptrice intervient en ajoutant la description de la fleur. Puisque celle-ci n'est pas qualifiée de « rouge » (ce qui serait plus neutre), mais de « couleur de sang », on devine que la scriptrice se joint à l'instance première en déplorant la situation violente en Algérie. Consciente du fait que l'instabilité du pays nord-africain se laisse retracer jusqu'à la politique colonisatrice de la France (qui ne donne l'indépendance au pays qu'en 1962), la scriptrice regrette à l'unisson avec l'énonciateur premier le sang qui continue à couler en Algérie. Dès lors, il est évident que les passages notés dans le journal ne servent nullement à rien, ils remplissent au contraire plusieurs fonc-tions : dénoncer certaines pratiques injustes ; représenter tout un monde marginalisé, non valorisé, voire même supprimé ; rassembler par un travail patient des fragments qui constituent ce que la scriptrice appelle un « ethnotexte » (*JDD*, 65) représentant le parler et l'agir de différents groupes sociaux.

Résumons les particularités du « je » tel qu'il se révèle dans ce texte voué aux autres. Le « je » est avant tout vectoriel et relationnel[18] : pré-

---

17. Cette citation se trouve parmi les entrées de l'année 1988.

18. Le mode relationnel est-il typiquement « féminin » ou non? Plusieurs féministes travaillant dans le domaine de l'écriture personnelle se sont déjà posé cette question. Formulée par Sidonie Smith, elle se lit ainsi : « Is female preoccupation with the other an essential dynamic of female psychobiography or a culturally conditioned manifestation of the ideology of gender that associates female difference with attentiveness to the other ? », dans *A Poetics of Women's Autobiography* (Bloomington and Indianapolis, Indiana, University Press, 1987, p. 18). Voir aussi l'introduction de Bella Brodzki et de Celeste Schenck, *Life/Lines : Theorizing Women's Autobiography* (Ithaca/London, Cornell Univer-sity Press, 1988, p. 1-15, surtout p. 9). Dans « Cultural Feminism Versus Post-Structuralism : The Identity Crisis in Feminist Theory » (*Signs*, vol. XIII, n° 3, 1988, p. 399-403), Linda Alcoff donne à cette question une réponse personnelle qui essaie d'éviter l'essentialisme de ce qu'elle appelle le féminisme « culturel » aussi bien que le « nominalisme » des post-

sence parmi d'autres, il est toujours en mouvement, voyageur dans un espace-temps contigu, partagé avec les autres. N'ayant pas d'identité propre, il est «transpersonnel» selon Ernaux[19]. Cela implique que la première personne ne réfère surtout pas à la seule scriptrice, le «je» la représente encore moins comme sujet autobiographique, source unique du texte. Multiréférentiel, il renvoie virtuellement à tout locuteur qui prend la parole, comme on le voit dans l'exemple des graffiti où le pronom («Je t'aime [...]»), ne désignant aucune personne concrète, est pure instance énonciative. Déterminant tout sujet d'énonciation, le «je» est également apte à s'attacher à l'instance réceptrice qui, de par la réflexivité des pôles énonciatifs, peut devenir instance émettrice à son tour[20]. Ainsi le pronom «je» invite-t-il à l'identification, il «colle», pour utiliser une expression d'Ernaux (Moncton, octobre 1997). Appliquée à observer tout ce qui se passe, l'instance énonciative de *Journal du dehors* arrache des fragments au présent fugace, les note en les préservant ainsi de l'oubli. Qui plus est, l'acte de garder la trace d'instants quotidiens, voire banals, leur donne du poids. Le journal devient ainsi un véritable témoin, témoin de moments passagers qui, contrairement à leur caractère éphémère, s'avèrent prégnants.

Pourtant, à côté de ce «je» qui résiste à l'univocité, il en émerge un autre qui paraît mieux circonscrit, moins malléable. Il s'agit de l'instance de la scriptrice à proprement parler qui s'interroge dans certains passages autoréflexifs sur son travail de scribe. Si l'on est tenté de voir ce «je» comme étant plus «personnel» que le «je» «transpersonnel» décrit jusqu'ici, il faut toutefois se garder de le comprendre comme instance qui se consacrerait exclusivement à l'introspection. Au contraire, on verra que la porosité de cette instance est soulignée dès la première des entrées autoréflexives. Pour échapper à une fausse dichotomie entre «personnel» et «transpersonnel», et pour délimiter cette instance énonciative, je l'appellerai le «je» scriptible. L'écho de Barthes évoqué par l'expression «scriptible» n'est d'ailleurs pas incongru. Bien que l'épithète ne soit pas employée dans le sens du critique qui oppose

structuralistes pour lesquels les concepts de «sujet» et de «femme» sont à déconstruire, approche qui, selon Alcoff, aurait pour conséquence l'abandon de tout engagement politique des femmes qui, n'ayant pas le statut de sujets, ne pourraient pas changer leurs conditions de vie.

19. Annie Ernaux, «Vers un je transpersonnel», dans le numéro spécial *Autofictions & Cie*, Serge Doubrovsky, Jacques Lecarme, Philippe Lejeune (dir.), Ritm 6, Université Paris X, 1993, p. 219-21.

20. Catherine Kerbrat-Orecchioni, *L'énonciation. De la subjectivité dans le langage*, Paris, Armand Colin, 1980, p. 18-26.

des textes lisibles à ceux qui sont scriptibles[21], la crainte de l'illisibilité est au cœur d'une des entrées de *Journal du dehors*, où la scriptrice décrit son incapacité de retirer de l'argent d'un distributeur de billets puisque sa carte de crédit, illisible, est rejetée. Et la scriptrice d'ajouter : « Horreur du mot *illisible*. C'est moi qui suis illisible, fautive. Je reprends ma carte et m'en vais sans argent. Je comprends qu'on brise un distributeur de billets, en l'injuriant » (*JDD*, 28). L'incident embêtant dans la vie réelle, tout au plus, se transforme en véritable hantise dès qu'il est transposé au seul niveau qui compte pour la scriptrice : à qui la responsabilité sinon à elle si ce qu'elle fait est rejeté, faute de lisibilité ?

Dans une autre entrée autoréflexive portant sur l'achat et la lecture d'un magazine féminin, la scriptrice poursuit le fil conducteur de *Journal du dehors* — l'imbrication de l'intime et du public — en mettant cette fois-ci l'accent sur le premier élément :

> J'ai acheté *Marie-Claire* à la gare de la Ville Nouvelle. L'horoscope du mois : « Vous allez rencontrer un homme merveilleux ». Plusieurs fois dans la journée je me suis demandé si l'homme à qui j'étais en train de parler était celui-là.
>
> (En écrivant cette chose à la première personne, je m'expose à toutes sortes de remarques, que ne provoqueraient pas « elle s'est demandé si l'homme à qui elle était en train de parler n'était pas celui-là ». La troisième personne, il/elle, c'est toujours l'autre, qui peut bien agir comme il veut. « Je », c'est moi, lecteur, et il est impossible — ou inadmissible — que je lise l'horoscope et me conduise comme midinette. « Je » fait honte au lecteur.)
> (*JDD*, 18-19)

Le commentaire entre parenthèses montre une fois de plus l'emploi astucieux de la première personne. Tandis que l'usage de la troisième personne a tendance à dissimuler la présence du sujet énonciateur, la première personne affiche cette présence tout en suggérant au lecteur une identification éventuelle. Dès lors, l'extrait peut se lire comme une confidence de la scriptrice qui, honteuse, avoue une de ses petites faiblesses — le recours à l'horoscope, plaisir innocent, dont elle n'attend pas grand-chose mais qui lui procure le goût d'un je-ne-sais-quoi au moment des rencontres les plus quotidiennes. Selon ce mode de lecture, le mot entouré de virgules, « lecteur », représente un appel direct du locuteur à l'allocutaire. Or ce destinataire (intra- et extratexuel) se trouve dans une situation beaucoup moins confortable s'il s'identifie avec le sujet d'énonciation : « *Je*, c'est moi. » Dans ce cas-là, le terme

21. Roland Barthes, *Roland Barthes par Roland Barthes*, Paris, Seuil, « Écrivains de toujours », 1975, p. 122.

intercalé de « lecteur » devient épithète : « je », c'est le lecteur lui-même, en train de se voir dans le miroir que lui tend la scriptrice. Tout à coup, la défaillance « personnelle » de la scriptrice se transforme en une des imperfections de l'être humain. Bien que la fin de l'énoncé désambiguïse quelque peu cette possibilité de lecture, avec la mise en opposition des positions féminine (« midinette ») et masculine (« lecteur »), la première référence au « lecteur » reste indécise : celui-ci reste donc en suspens, figé à jamais dans sa position inconfortable. Les poètes de tout temps le savaient déjà : personne n'échappe à l'emprise de la première personne. « Je », c'est moi-même aussi bien que l'autre, « Hypocrite lecteur, mon semblable, mon frère », ou, autrement dit, « je » est personnel aussi bien que transpersonnel.

L'emblème de ces oscillations pronominales se trouve dans un extrait consacré à un personnage assez exotique, le grand marabout, qui vante ses pouvoirs extraordinaires dans un journal d'annonces gratuit. Bien qu'un peu longue, voici la citation intégrale du passage :

> Journaux d'annonces gratuits chaque semaine dans la boîte aux lettres. « PROFESSEUR SOLO-DRAME. LE GRAND MARABOUT est enfin parmi nous. Il se propose de résoudre tous vos problèmes : amour, affection retrouvée, fidélité entre époux, désenvoûtement, concours, succès aux sports, retour immédiat au foyer de la personne que vous aimez. Si vous voulez être heureux passez sans tarder me consulter. Travail sérieux, efficace. Résultat garanti. 131ter, av. de Clichy. 2e étage porte droite. » (Photo d'un bel Africain dans l'encadré.) En quelques lignes, un tableau des désirs de la société, une narration à la troisième personne, puis à la première, un personnage à l'identité ambiguë, savant ou magicien, au nom poétique et théâtral, deux registres d'écriture, le psychologique et le technico-commercial. Un échantillon de fiction. (*JDD*, 30)

Sur le canevas imaginaire d'une fausse communauté, suggérée par le pronom « nous », se dessine d'autant plus nettement la singularité du magicien, présentée « objectivement », à la troisième personne. Le trucage publicitaire se révèle dans le glissement subreptice de ce « il » à « moi », en passant par « vous », clients-patients payants visés par toute publicité : « Si vous voulez être heureux passez sans tarder me consulter. [...] Résultat garanti. » Aucun problème logique dans cette formule hypothétique-ci, l'heureuse issue étant garantie par l'échange d'argent. Dans une société capitaliste, le bonheur s'achète, tandis que le rapport entre bonheur et communisme reste trouble, comme dans l'énoncé précité : « IF YOUR CHILDREN ARE HAPPY THEY ARE COMUNISTS ». Mettant l'accent sur le destinataire, sujet grammatical apostrophé directement (« Si vous voulez être heureux »), le tour de passe-passe pronominal dans l'exemple du marabout recèle savamment l'intérêt économique du destinateur qui, prenant la place de l'objet direct («me»), se rend presque invisible.

Sensibilisé par de tels jeux et mises en parallèle, le lecteur aperçoit d'autres fragments où la scriptrice établit des liens frappants, par exemple entre littérature, désirs (sexuel et autres) et argent. Ainsi dans l'extrait suivant traitant des signes les plus «sûrs» d'un auteur : «Il n'y a pas d'écrivains sans chat», ou bien : «C'est aux carnets (de notes) qu'on reconnaît le véritable écrivain» (JDD, 52). La scriptrice commente ces idées reçues d'un ton sec : «L'écriture ne suffit donc pas, il doit y avoir des signes extérieurs, des preuves matérielles, pour définir l'écrivain, le "vrai", alors que ces signes sont accessibles à tout le monde» (JDD, 53). Pour vraiment apprécier une œuvre, les lecteurs potentiels semblent avoir besoin d'indicateurs extérieurs. L'existence d'ouvrages publiés ne suffisant pas, il paraît que le «vrai» statut d'un auteur doit être confirmé par de fausses apparences, telles que dans la scène de «l'écrivaine» qui, «des bracelets hauts sur les bras, des bagues à ses doigts fins», est «[t]rès vibrante». Elle affirme cependant qu'«[é]crire c'est choisir de déchoir, [...] jouant longuement à l'écrivain maudit» (JDD, 93-94). L'espace du fait littéraire s'étend dès lors entre deux pôles extrêmes : l'endroit retiré de sa production, et le monde commercial où se vend le produit final. De la tension entre ces deux pôles résulte un certain exhibitionnisme de la littérature, exhibitionnisme d'autant plus flagrant que l'intime (le monde imaginaire, voire le journal) s'expose aux regards des autres :

> Dans le métro, un garçon et une fille se parlent avec violence et se caressent, alternativement, comme s'il n'y avait personne autour d'eux. Mais c'est faux : de temps en temps ils regardent les voyageurs avec défi. Impression terrible. Je me dis que la littérature est cela pour moi. (JDD, 91)

Comme si le rapport qu'établit ici le «je» entre l'intime qui se fait spectacle et la littérature n'était pas assez surprenant, le «je» scriptible va encore plus loin dans un autre passage. À la fin d'une scène de couple qui, eux, parlent de la mort, l'énonciatrice ajoute ce commentaire déconcertant : «Je suis traversée par les gens, leur existence, comme une putain» (JDD, 69). Pourquoi choisir cette curieuse image d'une prostituée comme figuration de la scriptrice, se demandera le lecteur et surtout la lectrice. L'analogie déroutante s'avère pourtant bien fondée, car elle réunit tous les fils reliés auparavant entre désir, littérature et argent. La prostituée est, après tout, la femme de la place publique par excellence, objet sexuel disponible et convoité par les hommes. Au carrefour des désirs, des plus timides aux plus pervers,

elle s'expose, se donne à quiconque, sans pour autant se livrer entièrement : le corps et son sexe ont leur prix, et c'est tout ce qu'offre la
prostituée. Si, en outre, l'on tient compte du déictique « je », cet autre
représentant de la scriptrice, la comparaison avec une femme soi-disant
facile, sans moralité, est d'autant plus convaincante : quelle autre
image véhiculerait les mêmes qualités que celle de la « putain » qui,
exhibant ses seuls contours extérieurs, est accessible à tout le monde —
tel que le « je », cette « form[e] vid[e][22] » qui accueille quiconque. Tout
comme la prostituée, la scriptrice ne révèle pas son intériorité dans
Journal du dehors, son « je » ne suggérant que des lignes, des tracés, des
dehors : ce qu'il voit, ce qu'il entend, ce qu'il choisit de rapporter. Mais
à côté de la prostituée, figuration extrême de la scriptrice, il y a beaucoup d'autres personnages féminins dans ce texte. En effet, les femmes
tiennent une place importante chez Ernaux[23], bien que *Journal du dehors*
ne soit pas réservé à la seule mise en scène de figures féminines. Voilà
pourquoi la dernière partie de cet article portera sur la représentation
des femmes dans *Journal du dehors*.

La discontinuité du journal, de sa matière et des scènes décrites se
reflète dans l'image de la femme qui se constitue à travers les différents
fragments : cette image est loin d'être uniforme et stable. Au lieu de
développer une réflexion théorique au sujet des femmes, la scriptrice
ne fait qu'offrir des instantanés, instantanés de femmes de tout âge, de
différentes classes sociales, de diverses professions et ethnies, *flashes* de
rencontres qu'apporte le hasard dans l'espace multiculturel de la ban-
lieue parisienne. Toutefois, ce n'est pas le seul hasard qui détermine
l'image de la femme. Sous-jacente à la multiplicité des femmes représentées se trouve un leitmotiv qui, reliant toutes les figures féminines,
les aimante sans pour autant les réduire au même. Voyant les femmes
dans toutes leurs différences autour d'elle, la scriptrice se demande
souvent : « [P]ourquoi ne suis-je pas cette femme ? assise devant moi dans

---

22. Émile Benveniste, *Problèmes de linguistique générale*, vol. 1., Paris, Gallimard, « Tel »,
1966, p. 263.

23. Encore une fois, je ne suis pas entièrement d'accord avec Tondeur qui prétend que
« la composante sociologique » est plus « déterminante dans l'acquisition de son identité
[celle d'Ernaux] » que « le processus identitaire féminin [qui] est secondaire » (Claire-Lise
Tondeur, *op. cit.*, p. 8). Dans un texte publié par Philippe Vilain (« Entretien avec Annie
Ernaux : Une "conscience malheureuse" de femme », *LittéRéalité*, vol. IX, n° 1, 1997, p. 66-
71), Ernaux parle longuement de son attitude vis-à-vis du féminisme. Convaincue de « la
nécessité d'une pensée féministe » (p. 70), mais refusant la notion d'écriture féminine et la
participation au « discours [...] théorisant sur les femmes » pendant les années 1970 (p. 69),
l'auteure s'intéresse vivement à l'amélioration des conditions de vie des femmes sur un
plan pratique et politique (p. 70-71).

le métro» (*JDD*, 37), question qui ne cherche pas la simple identification avec l'autre, au contraire. L'observatrice tente plutôt de voir le sujet féminin tel qu'il se présente, à jamais différent du «je», en dépit de certaines ressemblances. Pourquoi ne suis-je pas telle autre, comment serais-je si je l'étais, quelle est la condition de vie de cette femme entrevue dans telle situation fortuite, pourquoi se comporte-t-elle de cette manière? — voici le réseau thématique qui sous-tend la représentation de la femme, représentation qui inclut des scènes de tous les jours, mais aussi des moments où la question de l'être-femme se pose de toute urgence.

Vus sous cet angle, les passages consacrés aux femmes dans *Journal du dehors* se laissent comprendre comme une des nombreuses tentatives d'artistes féminins qui cherchent à créer une image de la femme différente de celle conçue par l'artiste masculin. Cette recherche du sujet féminin, imaginé différemment par les hommes et les femmes, préoccupe aussi la critique féministe. Celle-ci s'interroge sur les conditions nécessaires qui permettent l'émergence d'un «nouveau» sujet féminin, sujet à la recherche de soi-même refusant les idées préconçues, les théories masculines vis-à-vis de LA femme. Chez Brodzki et Schenck, cette question se formule ainsi: «[H]ow have women articulated their own experience, shaped their own texts artistically, met their own reflections in the problematic mirror of autobiography[24]?» La scriptrice de *Journal du dehors* y répond en mettant en scène autrui, elle-même, et elle-même comme autrui.

Comme d'autres écrivaines, Ernaux met souvent l'accent sur la représentation du corps féminin. Mais contrairement aux thèses politico-philosophico-esthétiques formulées par des auteures aussi différentes

---

24. Bella Brodzki et Celeste Schenck, *op. cit.*, p. 7. Pour d'autres ouvrages traitant de la même problématique, voir ce choix de livres pertinents: Leah D. Hewitt, *Autobiographical Tightropes* (Lincoln/London, University of Nebraska Press, 1990); Leigh Gilmore, *Autobiographics: A Feminist Theory of Women's Self-Representation* (Ithaca/London, Cornell University Press, «Reading Women Writing», 1994). Quant à la construction du sujet féminin, son inscription en littérature et son insertion dans le contexte sociopolitique, voir Teresa de Lauretis, *Alice Doesn't: Feminism, Semiotics, Cinema* (Bloomington, Indiana University Press, 1984); Alice Jardine, *Gynesis: Configurations of Women and Modernity* (Ithaca/London, Cornell University Press, 1985); Judith Butler, *Gender Trouble: Feminism and the Subversion of Identity* (New York/Londres, Routledge, «Thinking Gender», 1990); Janice Morgan et Colette T. Hall (dir.), *Redefining Autobiography in Twentieth-Century Women's Fiction* (New York/Londres, Garland Publishing, «Gender & Genre in Literature», 1991); Sally Robinson, *Engendering the Subject: Gender and Self-Representation in Contemporary Women's Fiction* (Albany, N.Y., SUNY Press, 1991); et Marlene Kadar (dir.), *Essays on Life Writing: From Genre to Critical Practice* (Toronto, University of Toronto Press, coll. «Theory/Culture», 1992).

qu'Irigaray et Cixous en France, ou Bersianik et Brossard au Québec, qui réfléchissent au sujet féminin en revalorisant son corps de manière exclusivement positive, Ernaux cherche plutôt à «dire la réalité vécue de féminin», à «dire la réalité du corps et ses représentations», comme elle l'exprime dans un entretien avec Philippe Vilain[25]. Dès lors, le corps n'est pas un site de réflexions théoriques, la scriptrice l'esquisse plutôt dans ses occupations quotidiennes, lors des courses, des visites chez le coiffeur ou chez le médecin. Agressées par un voleur sur un escalator de métro (*JDD*, 101-02), vulnérables dans leur nudité devant le médecin (*JDD*, 37-38), menacées de mourir d'un cancer (*JDD*, 40) ou d'être mutilées de l'excision (*JDD*, 44), les femmes sont souvent représentées en tant qu'objets, mais elles sont tout aussi bien sujets. Une petite scène entre un homme et son chien par exemple ne laisse aucun doute de l'attitude féministe de la scriptrice. Celle-ci insère l'ordre que l'homme donne au chien — «Allez, rentre à la maison!» — dans un cadre plus large en le commentant ainsi : «La phrase millénaire pour les enfants, les femmes et les chiens» (*JDD*, 69). Manipulant ainsi l'énoncé apparemment innocent, l'observatrice exprime sa critique de l'attitude masculine qui impose sa volonté à tous les «objets» vivants sous son emprise.

Toutefois, à côté de ces passages critiques, il y a aussi des fragments susceptibles de contrarier certaines féministes, notamment celles qui s'engagent pour des femmes démunies d'argent. Parmi les extraits consacrés à la mode se trouvent, certes, quelques-uns qui présentent les femmes comme des êtres assaillis et manipulés par une publicité aggressive (*JDD*, 31-32, 55). Pourtant, d'autres extraits expriment sans ambages le désir des femmes «de posséder quelque chose de beau», tels qu'«un chemisier, des boucles d'oreilles» (*JDD*, 87), ou des dessous de soie dont la scriptrice dit que «[d]ésirer avoir sur soi un peu de cette beauté est aussi légitime que de vouloir respirer un air pur» (*JDD*, 95), énoncé discutable tout au moins. Un autre effet de contraste résulte de deux entrées journalières assez rapprochées qui mettent en scène une vieille femme et une petite fille. L'une, «une petite vieille rose et fraîche, en socquettes blanches, avec un chapeau de paille, est immobile, peut-être égarée, au milieu des Trois-Fontaines. Autour d'elle, la boutique de sport, la bijouterie «La Baguerie, les vins Nicolas» (*JDD*, 61). Étant donné que Les Trois-Fontaines est un centre commercial (*JDD*, 13) avec bon nombre de magasins et de boutiques, on comprend facilement

---

25. Philippe Vilain, *loc. cit.*, p. 69.

qu'une femme du troisième âge puisse perdre l'orientation dans ce
labyrinthe, surtout si elle est aussi ingénue que sa description le suggère. Or, cette même société qui exige du « sujet » féminin à se confor-
mer aux images toutes faites — de la mode, de la beauté, des femmes
représentées comme consommatrices débridées —, cette société n'est
pas vraiment mise en question dans le fragment portant sur une
fillette :

> La petite fille, dans le train vers Paris, [...] avait des lunettes de soleil en
> forme de cœur, un petit panier de plastique tressé vert pomme. Elle avait
> trois ou quatre ans, ne souriait pas, serrant contre elle son panier, la tête
> droite derrière ses lunettes. *Le bonheur absolu d'arborer les premiers signes de*
> *« dame » et celui de posséder des choses désirées.* (64, je souligne)

Étant donné que *Le deuxième sexe* fut le livre qui suscita chez Ernaux
une première prise de conscience de la condition féminine[26], il est tentant de rapprocher du passage précédent une des phrases-clés de
l'ouvrage beauvoirien : « On ne naît pas femme, on le devient. » Ce qui
est troublant dans l'extrait de *Journal du dehors*, c'est qu'il semble confirmer la formule de Beauvoir sans pour autant prendre position : rédigé
exclusivement du point de vue de la petite fille, le sujet d'énonciation
ne paraît pas intervenir dans la description de ce « bonheur absolu », à
moins qu'on ne prenne le choix du mot « dame », entouré de guillemets,
comme indice du fait que la scriptrice, elle, sait tout des stéréotypes
d'une féminité imposés auxquels ni les filles ni les femmes n'échappent
facilement.

Comme le montre cet exemple, qui n'est d'ailleurs pas le seul, il est
plutôt difficile de déterminer la place où la scriptrice se positionne par
rapport aux courants actuels du féminisme. Refusant de représenter la
femme comme victime du patriarcat d'une part et de peindre une
image exclusivement positive du sujet féminin d'autre part, Ernaux se
tient à l'écart des idéologies féministes pour demeurer fidèle à sa vocation : témoigner de la vie telle qu'elle la voit. Aux prétendues clartés
des discours théoriques, la scriptrice préfère les complexités et les ambiguïtés de la vie. Elle termine donc son *Journal du dehors* avec *deux*
images de maternité, la première comprenant des connotations négati-
ves (*JDD*, p. 104 : deux clochards parlent du « squat superchaud », c'est-à-
dire l'utérus de leurs mères, où la vie était bien agréable avant leur
naissance), la dernière étant positive. À la toute fin du livre, les deux
fils conducteurs du texte — parler des autres, c'est aussi parler de soi-

26. *Ibid*, p. 71.

même — se rejoignent dans une image frappante, celle de l'écrivaine qui est «porteuse de la vie des autres» :

> D'autres fois, j'ai retrouvé des gestes et des phrases de ma mère dans une femme attendant à la caisse du supermarché. C'est donc au-dehors, dans les passagers du métro ou du R.E.R., les gens qui empruntent l'escalator des Galeries Lafayette et d'Auchan, qu'est déposée mon existence passée. Dans des individus anonymes qui ne soupçonnent pas qu'ils détiennent une part de mon histoire, dans des visages, des corps, que je ne revois jamais. Sans doute suis-je moi-même, dans la foule des rues et des magasins, porteuse de la vie des autres. (*JDD*, 106-07)

Résolument du côté de la «vie», *Journal du dehors* est alors ce qu'on pourrait appeler un «anti-texte» qui ne se laisse pas facilement classer. Le féminisme pragmatique de la scriptrice étant indubitable (il se révèle dans les entrées consacrées aux injustices et aux actes aggressifs commis contre les femmes), le livre est pourtant loin d'être un traité féministe. Et bien qu'il présente les apparences extérieures d'un journal intime, *Journal du dehors* n'obéit pas non plus aux lois génériques de ce type de texte, c'est même un véritable «anti-journal intime[27]», au dire de son auteure. S'il est assez aisé d'articuler ce que *Journal du dehors* n'est pas, il est plus difficile de circonscrire le texte en termes positifs. Je propose que les deux citations de *Nadja* que cet article porte en épigraphe balisent l'espace où se situe *Journal du dehors* : «La vie est autre que ce qu'on écrit», et «Il se peut que la vie demande à être déchiffrée comme un cryptogramme[28]». Le premier énoncé est une sorte de mise en garde contre la confusion entre la vie et l'écrit, mise en garde aussi contre l'illusion référentielle qui fait croire que le texte est le reflet direct et transparent de la réalité[29]. Le deuxième, lui, suggère que la «vie» elle-même est un texte cryptique qu'il faut bien lire afin d'en saisir le sens. Dans *Journal du dehors*, les femmes et les hommes sont observés et représentés dans des scènes de la vie «réelle». Mais ce journal doit être déchiffré au-delà de sa surface quotidienne, travail interprétatif que chaque lectrice accomplira par des allers-retours multiples entre la vie représentée et sa propre vie. Reconnaissant et reconstruisant les

---

27. Annie Ernaux, citée dans Claire-Lise Tondeur, *op. cit.*, p. 125.

28. André Breton, *Nadja* (Paris, Gallimard, 17ᵉ éd., 1928). L'épigraphe de Rousseau excepté, *Nadja* est le seul intertexte littéraire avoué de *Journal du dehors* (page 80). La première citation de Breton se trouve à la page 92 de *Nadja*, la deuxième à la page 150.

29. Voir à ce sujet l'entretien avec Annie Ernaux que j'ai publié dans le numéro spécial *Écriture de soi au féminin* : Monika Boehringer, «Écrire le dedans et le dehors : dialogue transatlantique avec Annie Ernaux», *Dalhousie French Studies*, n° 47, 1999, p. 165-70, surtout les dernières question et réponse.

images d'identité et d'altérité que contient le texte-miroir, elle se créera son propre sujet féminin : femme noire, asiatique, hispanique, indigène ou blanche, pauvre ou à l'aise, lesbienne, homo/hétéro/ ou bisexuelle, avec ou sans enfants, conservatrice ou de gauche, sujet colonisé ou libéré etc. Les éléments composites dont se constituera ce sujet ne sont pas figés, au contraire, la catégorie «femmes» est toujours «mouvante[30]», elle est en pleine évolution.

30. Denise Riley, «Am I That Name ?» Feminism and the Category of «Women» in History Minneapolis, University of Minnesota Press, 1988, p. 5.

Les fous de Bassan
d'Anne Hébert ou
l'apocalypse du griffon

SYLVIE BRIAND

Cet article sur Anne Hébert avait été prévu bien avant l'annonce de son décès. Le texte prend désormais valeur d'hommage posthume à celle dont l'œuvre n'a cessé d'inspirer des générations d'écrivains, au Québec et ailleurs. NDLR

Au soir du 31 août 1936, les cousines Nora et Olivia Atkins, âgées respectivement de 15 et 17 ans, disparaissent sans laisser de trace. Un mois plus tard, on retrouve leurs corps morcelés, échoués sur la grève. La petite communauté anglophone de Griffin Creek est en état de choc, mais se ligue tout de même dans un silence inquiétant afin de protéger Stevens Brown, 20 ans, un cousin des jeunes filles vers qui les soupçons se tournent. Ce n'est toutefois que près de cinquante ans plus tard, en 1982, que Stevens Brown décide de passer aux aveux dans une lettre destinée à un ancien ami.

Voilà racontée, à grands traits, l'intrigue du roman d'Anne Hébert *Les fous de Bassan*[1], lequel est remarquable dans la production hébertienne par le jeu de l'autoreprésentation du texte qu'il met en place, ainsi que par un réseau complexe de motifs binaires. En fait, le thème du double traverse le roman à tous les niveaux, que ce soit dans les couples thématiques traditionnels (soleil/lune, mer/terre, homme/femme, etc.), dans les personnages, ou encore dans cette ambivalence entre l'imaginaire et le réel. Il sera ici surtout question de la dualité entre les personnages, mais aussi — et d'abord — de cette dualité entre

---

1. Anne Hébert, *Les fous de Bassan*, Paris, Seuil, « Points », 1982. Toutes les références au roman seront suivies des initiales *FB* et du numéro de la page correspondant à la citation.

fiction et réalité. Dans chacun des cas, il s'agira de voir comment l'écriture d'Anne Hébert représente ce jeu du double, et ce, pour tenter de comprendre la signification de cette dualité dans l'ordre du récit.

La dualité du roman s'inscrit d'emblée dans le titre. *Les fous de Bassan* indiquent d'abord un essaim d'oiseaux véritables qui vivent en bordure des mers. Il s'agit ici du sens littéral du titre, de son côté «réaliste» qui déjà laisse deviner le lieu géographique où vont s'ébattre ces oiseaux et, avec eux, les personnages du roman. Mais si l'on porte attention au sens figuré de ce titre, ces oiseaux de Bassan ont toutes les chances de quitter le «littéral» pour basculer dans la démence. On parle ici d'une communauté masculine de fous originaires de Bassan ou, si l'on préfère, de «Besson». Ces hommes sont des fous de Besson, des fous nés de la dualité d'une terre hybride, d'une terre griffon qui porte d'ailleurs le nom de *Griffin Creek*.

Ainsi, en donnant à ce village le nom de Griffin Creek, l'auteure marque sa volonté de l'inscrire dans l'imaginaire ou le mythe; car le griffon (du latin *gryphus* et du grec *grupos*) est en effet un monstre hybride de la mythologie que l'on représente avec un corps de lion et une tête d'aigle. Mais le griffon n'est pas qu'un monstre de l'imaginaire, il prête aussi son nom à des animaux réels. Selon le *Petit Robert*, «certains grands oiseaux de proie», de même qu'une espèce de «chien de chasse à poils longs et broussailleux» sont appelés griffons. On pense tout de suite aux hommes de Griffin Creek, amateurs de chasse «hirsutes et mauvais[2]», qui sont eux-mêmes la proie d'une force supérieure, eux-mêmes des prédateurs victimes des griffes du désir. Nommer cette terre du nom de griffon, c'est donc la marquer de la rapacité et de la violence que connotent les griffes des prédateurs. Mais la griffe, c'est aussi «l'empreinte imitant une signature; ce qui sert à faire cette empreinte» (*Petit Robert*). Cette griffe, Anne Hébert la pose dans un avis au lecteur, sorte de pré-texte au roman, qui prend le parti de l'imaginaire contre le réel. Voilà une histoire, nous dit Anne Hébert, «sans aucun rapport avec aucun fait réel ayant pu survenir, entre Québec et

---

2. «Le fusil en bandoulière, hirsutes et mauvais, les hommes de ce pays ont toujours l'air de vouloir tuer quelque créature vivante. Leurs maisons sont pleines de trophées de chasse» (*FB*, 40).

3. «Tous mes souvenirs de rive sud et de rive nord du Saint-Laurent, ceux du golfe et des îles ont été fondus et livrés à l'imaginaire, pour ne faire qu'une seule terre, appelée Griffin Creek, située entre cap Sec et cap Sauvagine. Espace romanesque où se déroule une histoire sans aucun rapport avec aucun fait réel ayant pu survenir, entre Québec et l'océan Atlantique.» («Avis au lecteur», *FB*, 11).

l'océan Atlantique[3]. » Or, cette histoire est véritablement inspirée d'un fait réel survenu en Gaspésie au mois d'août 1933[4]. Mensonge d'auteur ? Peut-être pas complètement si l'on considère le fait que, dans le récit, Griffin Creek est effectivement une terre de l'imaginaire, du fantasme et du songe, qui s'oppose aux autres lieux réels du récit comme Montréal. Il est intéressant de noter que, dans ce jeu entre fiction et réalité, le village de Griffin Creek doit sa fondation, dans le roman, à un événement réel, soit l'exode en terre canadienne des loyalistes qui fuyaient la révolution américaine pour demeurer fidèles à un roi fou[5]. Toujours est-il que ce « mensonge d'auteur », ce voilement du fait réel à l'origine du texte est à l'image, dans le roman, du voilement des événements de cet été 1936. La tâche revient donc aux personnages, mais aussi au lecteur, de lever le voile sur ces événements, de percer le silence et les mensonges qui entourent cet été-là. Les personnages, en particulier Stevens, et le lecteur sont confrontés à une entreprise de déchiffrement : là où tout est dit à moitié, là où tout est vu en songe, on se doit d'interpréter les « signes ». Le texte devient donc lui-même une énigme et à ce propos, André Jolles écrivait :

> Les Grecs avaient deux mots pour la Devinette : le mot *ainos* (avec son doublet ainigma) et le mot *griphos*. Dans le premier, on trouve plutôt, si je ne m'abuse, le fait du chiffrement, tandis que le second, qui signifie proprement « filet » — le filet qui nous emprisonne et dont les nœuds nous égarent — exprime la perfidie de ce chiffrement[6].

C'est dans cette perfidie du chiffrement, dans ce double ou cet autre que l'on ne peut ou l'on ne veut mettre à jour, que le *griphos* rejoint l'apocalypse. L'impossibilité de déchiffrer le griffon — symbole de la dualité — entraîne la perte de Stevens et de tout le village de Griffin Creek. On pourrait ainsi comparer Stevens à Œdipe. De retour au pays de ses origines, Stevens passe en effet de la royauté — on le compare souvent à un roi — au rôle de bouc émissaire. Tout comme Œdipe, qui est aveugle face à sa propre énigme bien qu'il ait su résoudre celle du Sphinx — autre monstre hybride —, Stevens se perd dans les filets du

---

4. Pour en savoir plus sur le fait divers qui a inspiré le travail d'Anne Hébert, voir entre autres Aurélien Boivin, « Anne Hébert : un intérêt marqué pour l'histoire », *Québec français*, n° 101, printemps 1996 ; et Sylvie Briand, *Les Fous de Bassan d'Anne Hébert : du fait divers au roman poème*, mémoire M.A., Université de Montréal, 1998.

5. Le réel et l'imaginaire se court-circuitent encore puisque royauté et folie vont s'incarner dans la figure de Stevens auquel les « loyalistes » de Griffin Creek resteront « fidèles » envers et contre tout.

6. André Jolles, *Formes simples*, Paris, Seuil, 1970, p. 116.

«*griphos*» : il ne voit pas qu'il est lui-même le griffon qu'il croit terrasser le soir du 31 août. Mais Stevens n'est pas le seul griffon au village de Griffin Creek. En fait, ce sont tous les personnages qui répondent du griffon. C'est pourquoi le ton et l'esprit des cinq voix qui prennent en charge la narration du récit s'entrecroisent et s'entremêlent jusqu'à semer le doute quant à leur origine et leur originalité. «Dès qu'on ne sait plus qui parle ou qui écrit, le texte devient apocalyptique[7].» Ce sont cinq voix qui semblent s'unir pour dire l'été 1936 ; ce sont cinq textes apocalyptiques qui cherchent à dévoiler et à révéler une même tragédie, d'où parfois ces similitudes discursives entre les personnages.

Ces similitudes discursives, présentes chez tous les personnages, ne le sont jamais autant que chez les figures de Stevens et du pasteur. En effet, le journal du pasteur qui ouvre le roman est étrangement symétrique à la dernière lettre de Stevens qui clôt le récit, telle une boucle qui se referme. «Il a suffi d'un seul été pour que se disperse le peuple élu de Griffin Creek» peut-on lire dans le journal du pasteur. Cette histoire débute par l'apocalypse du «peuple élu» et elle se termine de la même façon, par la révélation ou «l'apocalypse» du 31 août 1936. Entre ces deux «livres», et même à l'intérieur de ceux-ci, presque toutes les métaphores, les images et les motifs usés par les narrateurs deviennent en quelque sorte des prolepses de la tragédie. Il y a par exemple le songe apocalyptique du pasteur qui, bien sûr, renvoie au soir de la tragédie :

> Vu Perceval en songe, ange d'apocalypse, debout sur la ligne d'horizon, corps d'homme, tête de chérubin, les joues gonflées à tant souffler dans la trompette du Jugement. Des petits personnages noirs s'agitent sur la grève, en proie à la désolation... (*FB*, 51)

Ce rêve du pasteur, où Perceval apparaît en une espèce de griffon mi-ange mi-homme, se réalisera dans la lettre apocalyptique de Stevens. Le pasteur ne fait pas que rêver du soir apocalyptique, il le vit jour après jour, nuit après nuit, dans son presbytère délabré. Là-bas, quelque cinquante ans après le drame, le pasteur contemple les bicoques peinturlurées des papistes, leurs couleurs rouges, vertes, jaunes, bleues qui jettent autour d'elles des «lueurs fauves stridentes». Une parade défile dans un bruit assourdissant à travers les rues du village

---

7. Jacques Derrida, *D'un ton apocalyptique adopté naguère en philosophie*, Paris, Galilée, 1983, p. 77.

dont les couleurs rappellent l'alchimie du verbe d'une *Saison en enfer*. Cette «parade sauvage» à laquelle assiste malgré lui le pasteur renvoie directement à l'épigraphe de l'ultime lettre de Stevens, cette autre parade sauvage dont l'auteur est le seul à détenir la clef. Au moment même où le pasteur est tourmenté par son passé, Stevens doit faire face aux fantômes des petites Atkins. Reclus dans un appartement de la Côte-des-Neiges, Stevens avale des pilules rouges, vertes, jaunes, afin d'inverser l'ordre du jour et d'échapper au bruit provenant des appartements voisins. C'est le dessin de la tapisserie que brodent les jumelles Brown qui fait surgir le passé dans la mémoire du pasteur; or, cette mise en abyme se retrouve presque identique dans l'appartement que transforme l'esprit dérangé de Stevens en un aquarium géant où flotte les corps des deux jeunes cousines. Les événements de l'année 1982 ne sont toutefois pas les seuls à comporter de nombreuses analogies entre les personnages du pasteur et de Stevens. D'autres scènes, se déroulant à l'été 1936, renferment des similitudes entre les deux hommes. Lorsque le pasteur, tapi dans l'ombre, a fini d'observer la baignade des cousines Atkins, il s'en retourne «à grands pas, prenant plaisir à faire crever sous ses talons les algues jaunes, toutes gonflées» (*FB*, 39); un sadisme semblable habite Stevens lorsqu'il s'amuse à crever sous ses pieds «des algues visqueuses aux grains gonflés» (*FB*, 70). Et pour comble d'inceste ou de spécularité textuelle, Stevens «répète» dans sa dernière lettre que dans «cette histoire il faut tenir compte du vent» (*FB*, 246), alors que cette affirmation apparaît initialement dans le journal du pasteur.

Il faut ajouter à ces analogies entre les deux hommes le désir qui les tourmente, un désir qui cherche à dominer et à posséder l'autre, et en particulier l'autre féminin. Le pasteur veut conquérir le cœur de sa mère/mer indifférente en récitant, debout sur un rocher, des psaumes du roi David, il veut mater la mer par ces chants du roi, «désirant parler plus fort qu'elle, la convaincre de [sa] force et de [sa] puissance. L'amadouer tout à fait. La charmer tout à fait. Éprouver [sa] voix sur la mer» (*FB*, 25); quant au «roi» lui-même, Stevens, il est possédé par la mer déchaînée que la violence des flots rend virile:

> Transi sur mon rocher, dans mes vêtements mouillés, je m'égosille à crier, dans un fracas d'enfer [...] il faut que je pleure et que je hurle, dans la tempête, que je sois transpercé jusqu'aux os par la pluie et l'embrun. J'y trouve l'expression de ma vie, de ma violence la plus secrète. (*FB*, 102)

Le pasteur est maître du Verbe, maître de la parole, maître des «songes»; il exerce, selon ses mots, «un ministère dérisoire, de peu d'envergure, mais d'autorité absolue». Ce pouvoir absolu du pasteur se rapproche de la puissance omnisciente du créateur, de laquelle Stevens n'est pas dépourvu. Avant d'arriver chez lui, Stevens s'arrête à un endroit qui surplombe le village pour s'amuser, avec le bout de son pied, à faire disparaître ou réapparaître la figure minuscule de son grand-père. Par ailleurs, à l'égal du pasteur, Stevens est comparé à l'arbre de vie dont les fruits procurent la connaissance du bien et du mal. Les pommes de l'arbre prennent toutefois la couleur de l'orange dans les fantasmes de Nora, où Stevens se transforme en roi des oranges et du coton[8]. Mais Stevens, lui, se compare au Christ, et pourrait faire sienne cette affirmation du pasteur :

> La marque de l'agneau sur mon front. Le caractère ineffaçable. Je n'ai pas eu à choisir. J'ai été choisi, désigné, appelé, entre ceux de Griffin Creek, pour accomplir l'œuvre du seigneur. (FB, 24)

Stevens dit ressembler au Christ car, comme ce dernier, il est de passage au village : «si quelqu'un ressemble au Christ, dans ce village, c'est bien moi, Stevens Brown [...] à cause de mon état de passage» (FB, 89)[9]. Cette ressemblance rapproche certes Stevens du pasteur — le représentant du Christ au village –, mais elle le rapproche peut-être davantage de son frère Perceval, l'idiot du village : dans les évangiles, personne, hormis les enfants, n'est en effet plus proche du Christ que le simple d'esprit.

Il est vrai qu'il existe entre Stevens et Perceval plusieurs ressemblances. Dans sa dernière lettre, Stevens fait part à Michael Hotchkiss de son séjour dans un hôpital montréalais où tous les malades crient et pleurent comme des idiots, alors qu'à Baie Saint-Paul, le petit frère de Stevens est aussi reclus dans une maison de santé. Les deux hommes partagent l'exil de leur propre terre imaginaire, où l'appartenance se lit

---

8. «Le roi du coton et des oranges dormira avec moi, sa couronne et sa peau brillante. Nous serons mari et femme, roi et reine, pour l'éternité. Non, non, ce n'est pas Stevens» (FB, 120), rêve Nora.

9. Dans la langue hébraïque, le mot passage se traduit par «pèssah» ou «pâque», qui commémore chez les Juifs le passage de la mer Rouge par le peuple élu, et donc l'arrivée en Terre promise ; dans la religion chrétienne, c'est la traversée du Christ au royaume des morts qui est célébrée lors de la fête pascale. Or Stevens entreprend un peu une traversée semblable, d'abord en révélant le secret originel aux petites Atkins — secret qui s'appelle et qui appelle la mort —, ensuite en dévoilant par l'écriture les événements de ce soir fatal. C'est donc une double traversée qui mène Stevens, ainsi que tout le peule «élu» de Griffin Creek, vers la mort.

jusqu'au nom d'un ruisseau[10] ; ils habitent désormais des lieux réels, des lieux qui portent, dans le cas de Stevens, le nom de reines véritables, de reines historiques. D'abord à l'hôpital *Queen Mary*, puis dans une petite chambre louée du *Victoria*, « le roi » Stevens habite des lieux au nom de reines véritables comme pour mieux marquer son propre découronnement, sa propre déchéance. En outre, l'écriture de cette ultime lettre de Stevens ne peut se faire que par identification à la figure de Perceval : c'est en cherchant à « retrouver la voix primaire de l'idiot » que Stevens parvient à se confesser, à trouver la voie / voix de la vérité. Le dévoilement de la vérité se fait sous l'égide de l'idiot, et c'est à lui que Stevens demande de l'accueillir en Paradis, comme si Perceval avait pris le visage du Christ simple d'esprit, voire de l'idiot dostoïevskien.

Aux yeux des hommes du village, les deux cousines forment un miroir parfait ; ni femmes ni enfants, en d'autres mots à l'âge hybride, elles incarnent une sorte de microcosme du griffon, puisque, en fait, c'est toute la communauté qui répond du monstre. « Un seul animal fabuleux, pense-t-il [Perceval], à deux têtes, deux corps, quatre jambes et quatre bras, fait pour l'adoration ou le massacre » (*FB*, 31) ; et de renchérir Stevens : « ... je les [Nora et Olivia] tutoie comme une seule et même créature à deux têtes, quatre bras, quatre jambes et deux petits sexes cachés » (*FB*, 104)[11]. À l'intérieur de ce microcosme, Olivia représenterait le pôle féminin, et Nora, aussi rousse que le pasteur, le masculin. Olivia, soumise à ses frères et à son père, ne possède pas la fière insolence de son double Nora. Celle-ci, qui dit habiter le soleil comme une seconde peau, cherche à satisfaire ses désirs à l'égal des hommes du village. Si Stevens veut dompter toutes les filles du village, Nora

---

10. Le panneau, à l'entrée du village, porte le nom de Stevens et de Perceval : « Brown Stream, c'est écrit en noir avec du goudron sur une planchette clouée sur un poteau » (*FB*, 60).

11. Cette union de deux corps dissemblables en un seul corps monstrueux apparaît dans le roman *Kamouraska* où coq et cheval s'unissent pour former une espèce de griffon surréaliste. « Un matin, le coq s'est pris les ergots dans la crinière du cheval [...] Coq et cheval ne forment plus qu'un seul corps fabuleux. Un seul battement, un seul écart d'ailes et de fers. Un seul tumulte, hennissements, et cocoricos, emplissant l'écurie de sa clameur, abattant les cloisons de la stalle. Dans un arrachement de plumes et de crins, de planches cassées et de clous tordus. Je crie. C'est toi, mon amour, cette fureur ameutée. Coq et cheval emmêlés, c'est toi, toi courant gaiement à l'épouvante et au meurtre » (Anne Hébert, *Kamouraska*, Paris, Seuil, 1970, p. 191). Cette image n'est pas sans rappeler les corps de l'homme et de la femme qui, lors de l'accouplement, en viennent à former un seul corps fabuleux, l'image même du griffon.

espère de son côté embrasser tous les garçons avant la fin de l'été. En fait, le discours de Nora diffère peu de celui de Stevens : l'égalité nouvelle que prône la jeune fille réside en la possibilité pour elle, pour une fille, de traquer, de suivre comme un homme l'objet de son désir[12]. «Pourquoi me suis-tu à la trace ? » (FB, p. 90), lui demande Stevens qui refuse cette égalité, refuse de se laisser prendre à cette chasse inversée. Ce n'est donc pas un hasard si Nora naît au jour symbolique du 14 juillet, jour commémorant la Révolution française qui décapita son roi. Mais ce que Nora cherche, c'est à pénétrer le secret originel que, selon elle, possède son cousin. Celui-ci, en retour, tente de percer le secret des jeunes filles, à voir ces «deux petits sexes cachés». Quant à Nora, elle «n'aura» pas la révélation du secret originel. Comme son envers anagrammatique, «A(a)ron», elle n'atteint pas la Terre promise, elle meurt aux portes du secret. Le dévoilement du secret est le tombeau des rois des jeunes filles.

Cette tragédie, le prénom d'Olivia en porte le sème : Olivia-viola-voila. Olivia, violée puis jetée au fond de la mer, voilée sous les eaux comme un secret qu'on tente d'enfouir, une faute qu'on cherche à effacer. Même le ciel se voile à la suite de la tragédie, de l'apocalypse de Griffin Creek. Le O — eau — d'Olivia, lettre en forme d'orange et de soleil, représente aussi l'oméga de l'alphabet grec, sa lettre ultime, sa fin. Il y aurait peut-être une référence intertextuelle à Rimbaud qui, dans un poème, associe la lettre O au clairon de l'Apocalypse et au violet des yeux[13].

En somme, la spécularité des personnages fait d'eux un seul monstre à deux sexes[14]. Du fait d'une loi divine qui sépare les hommes et les femmes, et d'une loi naturelle, le désir, qui tend à les rapprocher, le monstre est déchiré. Le griffon, symbole de la communauté, ne réussit à trouver ni unité ni égalité entre ces deux membres incestueux. Et

---

12. En ce sens, le discours de Nora innove dans ce monde régi par la loi des hommes. Mais il est vrai que la «révolution» de Nora ne fait que répéter le discours masculin, comme si la révolte de la jeune fille prenait le sens de rotation complète d'un astre, c'est-à-dire d'un chemin en boucle fermée, d'un retour à la case de départ. De façon plus générale, ce mouvement circulaire représente bien la «révolution» du roman, lequel est construit en une boucle où le commencement et la fin, l'origine et l'apocalypse se rejoignent et se perpétuent à l'infini. «Le monde vire sur sa quille et recommence», écrit Stevens dans sa dernière lettre.

13. «O, suprême clairon plein de strideurs étranges, / Silences traversés des Mondes et des Anges : / — O l'oméga, rayon violet de Ses Yeux !», Arthur Rimbaud, «Voyelles», dans Poésies complètes, Paris, Le Livre de Poche, 1984, p. 91.

14. On pourrait aussi mentionner comme leitmotiv discursif entre les personnages, ce «non, non, ce n'est pas Stevens», que l'on retrouve notamment dans la bouche de Nora, d'Olivia et de Perceval.

lorsque Stevens, le dépositaire du mal, fait basculer les cousines dans l'autre monde, les miroirs se brisent les uns derrière les autres. Le temps et les voix se fragmentent à l'image de la brisure spéculaire et des corps morcelés des jeunes cousines qui viennent s'échouer sur la plage. Le griffon est à la fois bourreau et victime : bourreau de soi-même en massacrant Nora et Olivia ; victime de sa propre violence par cette loi folle qu'il s'est donnée.

Ce double meurtre, semblable à une espèce d'autodestruction de la part du griffon, provient du refus chez Stevens de voir et de reconnaî-tre sa propre altérité, en l'occurrence sa part de féminité. C'est pour-quoi Stevens accorde une importance singulière à ses vêtements, et en particulier à ses bottes et à son chapeau. Stevens ne revient au village que bien paré d'une armure de linge ; s'il a été un instant décontenancé et troublé en pensant à son enfance, il a «retrouvé tout [s]on aplomb et [s]on assurance en pensant à [s]es bottes et à [s]on chapeau». Et Ste-vens d'ajouter : «Je me suis dit qu'un homme n'a rien à craindre, chaussé de bottes viriles, été comme hiver, le chapeau vissé sur la tête, ne se découvrant ni pour l'église ni pour les femmes» (*FB*, 61)[15]. Les

---

15. Toute cette protection vestimentaire, sur laquelle insiste Stevens à plusieurs repri-ses, indiquerait peut-être une forme d'homosexualité latente ou, du moins, un refoule-ment évident de sa propre féminité. En effet, l'identité masculine du jeune homme ne semble tenir qu'à ses vêtements, son chapeau et ses bottes. De plus, ses habits «officiels» d'homme — comme l'écrit Stevens —, il les emprunte au mari de Maureen qui est de surcroît un homme mort. Outre cette mascarade de virilité, le récit dissémine quelques références, parfois subtiles, à l'homosexualité, ou encore à cette part féminine du griffon qu'il faut à tout prix étouffer. Il y a d'abord le père de Stevens qui interdit à sa femme d'embrasser ses fils de peur d'en faire des «sissies» ; il y a ensuite le détective qui exhorte Stevens à être un homme et à avouer son crime ; il y a enfin Nora qui, vexée de la froideur et du mépris de Stevens à son égard, traite celui-ci de «garçon manqué», à défaut d'un autre mot qu'elle ne connaît pas encore. Nora s'attaquera une dernière fois à la virilité manquée de Stevens le soir du 31 août : cette nuit-là, avant de mourir, Nora répète — c'est Stevens lui-même qui le répète à deux reprises dans sa dernière lettre à Michael Hotchkiss — que Stevens «n'est pas un homme». (Il s'agirait, dans ce dernier cas, non seulement d'une négation de la masculinité de Stevens, mais aussi d'une négation de son «huma-nité» : dans la nuit du 31 août, Stevens n'est en effet plus un homme, il est une sorte de monstre, de griffon entraîné, peut-être malgré lui, à commettre un double meurtre. Cette passivité de Stevens, qui subit les événements plus qu'il n'agit sur eux, met en relief l'inversion, dans le texte, des motifs ou symboles traditionnellement associés aux hommes et aux femmes : Stevens a des yeux qui jettent des rayons métalliques comme ceux de la lune ; les cousines Atkins brillent comme le soleil). On pourrait ajouter à ces exemples l'importance que Stevens accorde, lors de sa première rencontre avec Maureen, à la che-mise d'homme que porte cette dernière, comme si ce détail avait une quelconque impor-tance ; et puis il ne faudrait pas oublier ces bribes de conversation entre deux garçons coiffeurs — que l'on devine homosexuels — que Stevens rapporte dans sa dernière lettre (*FB*, 237). Dans ce contexte, les vêtements de Stevens, plus qu'une simple protection con-tre le soleil des petites Atkins, serviraient d'écran à la propre féminité du jeune homme

bottes donnent au jeune homme l'impression d'une identité virile, alors que le chapeau se transforme, chez ce dépositaire du mal, en une couronne, une sorte de royauté dont rêve Nora :

> Je serai reine du coton, ou des oranges, car il viendra des pays lointains, au soleil fixe, allumé jour et nuit [...] Le roi du coton et des oranges dormira avec moi [...] Nous serons mari et femme, roi et reine, pour l'éternité. (*FB*, 120)

Après le meurtre des cousines, le chapeau de Stevens flotte sur l'eau comme une trace de son crime. Le jeune homme, tête nue, « découvert », n'est plus reconnaissable aux yeux de Perceval. Dépouillé de son chapeau, Stevens est en quelque sorte un roi découronné, déchu, dont la nudité nouvelle révèle la honte. « Magnifique celui qui veille et qui garde ses vêtements de peur de marcher nu et qu'on voie sa honte », peut-on lire dans le journal du pasteur, d'après un extrait de la Bible[16].

Si les vêtements font obstacle au désir, s'ils voilent la nudité et le « secret », si en plus les désirs sont entravés par la loi biblique, alors le regard ou la « vision », c'est-à-dire le fantasme, prend une importance considérable ; car le regard, instrument de possession distante, permet d'une certaine façon de transgresser les interdits de la loi. Lorsque Stevens apparaît pour la première fois aux habitants de Griffin Creek, tous réunis dans la petite église du pasteur, il se tient à contre-jour, sa silhouette nimbée de soleil ; les regards des fidèles se tournent vers lui. Déjà, il est un obstacle à la lumière, il est celui qui éclipse le soleil qu'habitent les petites Atkins. Stevens est vu, reconnu, désiré par ses cousines qui veulent que ce désir soit réciproque. Olivia ne dit-elle pas :

> Qu'il me regarde surtout, que je sois regardée par lui, la lumière pâle de ses yeux m'éclairant toute, de la tête aux pieds. Le voir. Être vue par lui. Vivre ça encore une fois. Exister encore une fois, éclairée par lui, nimbée de lumière par lui, devenir à nouveau matière lumineuse et vivante, sous son regard. (*FB*, 220)

La fascination qu'exerce le regard de Stevens est celle de la mort ; son regard reflète la lumière de la lune, ses taches blanches, métalli-

---

— une féminité qu'il ne peut ni ne veut reconnaître —, et permettraient d'affirmer une virilité qui n'existe vraiment que dans la parure que l'on en fait.

16. Stevens doit porter le fardeau de la honte, ainsi que toute la malfaisance du village, car en tant que roi, « il est responsable de la correspondance entre le ciel et la terre, il sera aussi victime de toute discordance pour laquelle il devra sans cesse s'humilier, comme si la cause du mal dont souffrait l'univers était en lui et devrait être extirpée de son corps par la confession et divers rites expiatoires » (Paul Ricœur, *Finitude et culpabilité*, Paris, Aubier, 1960, p. 341).

ques, apocalyptiques, qui rappellent la trompette du Jugement dernier et la scène du meurtre. Quant à Nora, elle éprouve le même désir d'être vue par le regard lunaire de Stevens : « je jurerais que c'est moi qu'il regarde, avec ses yeux de voyou, émettant des rayons, pour me transpercer » (*FB*, 122). Dans un autre passage, Olivia lutte contre les charmes maléfiques du regard de Stevens, contre le *griphos* de ses yeux : « Vais-je cesser tout travail et tout mouvement, me tenir immobile et fascinée, les deux pieds dans l'herbe courte, derrière la maison de mon père, prise dans le regard de Stevens comme dans un filet ? » (*FB*, 216). Cette scène où Olivia, fascinée par le regard de Stevens, lutte contre elle-même pour ne pas succomber au charme du jeune homme, cette scène est en quelque sorte une autre prolepse métaphorique du viol et du meurtre de la jeune fille. Lors du viol, Olivia lutte réellement contre Stevens devenu tout à fait maléfique. Il cherche de son côté, et cette fois ce n'est pas seulement avec le regard, à « l'immobiliser tout à fait », à la « démasquer », à la renvoyer chez ses parents « avec un petit filet de sang entre les cuisses » (*FB*, 91), à voir enfin ce qu'on lui cachait ; car, pour Stevens, la révélation se cache sous les vêtements de la jeune fille, là où réside l'interdit qu'il ne faut pas enfreindre. La révélation résulte de ce désir de mettre les jeunes filles à nu, « débarrassées des oripeaux, réduites au seul désir, humides et chaudes » (*FB*, 82). Stevens cherche à se défaire du voile des vêtements qui font obstacle au désir, il cherche à « percer » le secret des jeunes filles :

> Tant de linge à franchir, le vent rabat ses jupes sur moi [...] Pénétrer au plus profond d'elle. Trop de vent. Trop de linge aussi [...] Tandis qu'Olivia, le 31 août 1936, disparaît sous un barrage de linge et d'élastique qui ne facilite pas les choses. (*FB*, 248)

Le viol est l'expression la plus forte de toute l'horreur apocalyptique ; tout comme se déchire, à la mort du Christ, le voile du temple, l'hymen se déchire sous la poussée du secret originel, sous la percée de la mort. Le griffon s'effondre lorsque Olivia est à son tour étranglée par Stevens : le filet — le *griphos* — qui tenait captif le regard se resserre autour du cou de la jeune fille, et la « source du cri s'amenuise en un petit filet » (*FB*, 248). Toute cette scène se passe sous les rayons de la lune, une lune orange comme les fantasmes de Nora, une lune aux couleurs glacées, « gonflée comme un fruit mûr », prête à accoucher du froid de la mort, une lune qui est la réplique exacte du songe apocalyptique du pasteur : « La lune se lève, orange dans le ciel. Lorsque nous sortirons de chez Maureen, Olivia et moi, la lune sera sans doute haute, toute blanche, métallique, répandue à grands traits sur la mer

comme un soleil de nuit pâle et laiteux» (FB, 135). Ce n'est pas sans
raison que Stevens est entré au village un peu comme une «femme
enceinte [...] lourde de son fruit» (FB, 61), lourde de l'orange ou de
l'orage, celui au cours duquel Stevens est traversé par une folie prélu-
dant au soir du 31 août. Orange/orage : la mort naît comme un fruit,
fait éclater la bulle qui protégeait l'enfant du monde : «La bulle fragile
dans laquelle nous étions encore à l'abri crève soudain et nous voilà
précipités, tous les trois, dans la fureur du monde» (FB, 244). Cette
bulle éclate sous la pression de plusieurs siècles de refoulement. L'équilibre précaire qui maintenait les deux parties du griffon, les hommes et
les femmes, est rompu. Dans un moment de folie, l'un cherche à sup-
primer l'autre. Stevens cherche à rompre le cercle de la féminité, il
cherche à tuer ce double féminin qu'il ne peut accepter en lui. C'est
d'abord la boule dure du rire de Nora qu'il tente d'écraser, de crever
comme un ballon sous la force de ses doigts. Puis, Nora morte, Stevens
cherche à pénétrer l'intérieur du cercle d'Olivia : «Ses jupes claquent,
arrondies comme un cerceau, et moi je me fourre là-dedans comme un
bourdon au cœur d'une pivoine» (FB, 246).

Toutes les révélations convergent dans la dernière lettre de Stevens.
Non seulement Stevens dévoile-t-il le secret originel aux jeunes filles,
mais il se dépouille, se dévoile, se dégrafe, bref il rompt «l'enchante-
ment qui pesait sur lui» (FB, 125) en mettant sa mémoire à nu. En finir
avec le voile, c'est par là même en finir avec soi. En levant le voile sur
les événements du 31 août 1936, Stevens suit un chemin qui le conduit à
l'apocalypse, c'est-à-dire à la révélation et à la mort. Cette apocalypse
ou cette révélation n'est possible que dans et par l'écriture, cet «espace
nu» qui, dans le cas de la dernière lettre de Stevens, se fait sous l'égide
de Perceval.

Dès les premières lettres de Stevens à Michael Hotchkiss, une ambiguïté existe entre le narrateur et l'écrivain : d'un côté l'auteure écrit
dans son «avis au lecteur» que Griffin Creek ne doit son existence qu'à
des souvenirs fondus et livrés à l'imaginaire ; d'un autre côté, Stevens
tient des propos semblables dans une de ses lettres : «Organiser les souvenirs, disposer les images, me dédoubler franchement, tout en restant
moi-même» (FB, 86). Cette identification de Stevens au rôle d'écrivain,
ce miroir qu'il pose face à l'écrivain réel ne s'arrête pas là : «Tu sais
bien que j'ai un pouvoir pour sentir les autres, vivre et me mettre à
leur place» (FB, 80), écrit-il à son destinataire, Michael Hotchkiss. Le
destinataire imaginaire «sai[t] bien» que Stevens, le narrateur de cette
histoire, a le pouvoir d'imaginer la vie des autres, de faire ou de vouloir

faire des jeunes filles ses « créatures », tout comme le destinataire « réel » de ces lettres — le lecteur — sait très bien qu'un romancier a le pouvoir d'insuffler la vie à ses personnages ou, comme l'écrit Anne Hébert dans l'avis au lecteur du roman *Kamouraska*, de transformer des personnages véritables en des « créatures imaginaires, au cours d'un lent cheminement intérieur[17] ».

Mais peut-on dire que les lettres de Stevens en sont de véritables ? « Histoire d'un été plutôt que lettres véritables, écrit à ce sujet Stevens, puisque le destinataire ne répond jamais [...] C'est égal, ton silence me gêne pour continuer. J'ai l'impression d'écrire devant un miroir qui me renvoie aussitôt mes pattes de mouches inversées, illisibles » (*FB*, 82). Michael Hotchkiss, le destinataire silencieux des lettres écrites par Stevens, est en fait aussi silencieux que le roi ou le Dieu de Griffin Creek, aussi silencieux que le destinataire réel de ses lettres, le lecteur. Il n'est pas étonnant que ce silence gêne la marche à l'écriture de Stevens puisque chaque mot griffonné sur le miroir de la page blanche brise peu à peu la loi du silence, maintenue jusque-là par tous les habitants de Griffin Creek. À Michael Hotchkiss, Stevens demande de suivre le chemin sinueux de ses mots, de les suivre jusqu'à « la falaise abrupte, le vide, le saut dans le vide » (*FB*, 236), c'est-à-dire jusqu'à la chute des mots, au vide de la page blanche. Ce chemin de croix de Stevens, ce saut dans le vide est bien celui, kierkegaardien, de la mort. Dans *Les fous de Bassan*, le dévoilement de la vérité ne se fait jamais que dans et par la mort[18].

Les événements dévoilés par Stevens n'ont toutefois rien pour surprendre le lecteur qui a bien deviné, à travers la multiplication des prolepses[19], l'issue du drame. Peut-être le lecteur est-il seulement étonné, à

---

17. Anne Hébert, *Kamouraska, op. cit.*, p. 6.

18. Il revient à Michael Hotchkiss et bien entendu au lecteur réel — qui possède toutes les pièces du casse-tête — de déchiffrer l'énigme du texte, de rendre un verdict sur les aveux de Stevens, sur le dévoilement de cette vérité où mort et révélation convergent. Car, comme l'écrit Michel Foucault, « la vérité ne réside pas dans le seul sujet qui, en avouant, la porterait toute faite à la lumière. Elle se constitue en partie double : présente, mais incomplète, aveugle à elle-même chez celui qui parle, elle ne peut s'achever que chez celui qui la recueille. À lui de dire la vérité de cette vérité obscure : il faut doubler la révélation de l'aveu par le déchiffrement de ce qu'il dit. Celui qui écoute ne sera pas simplement le maître du pardon, le juge qui condamne ou tient quitte : il sera le maître de la vérité. Sa fonction est herméneutique » (Michel Foucault, *Histoire de la sexualité. La volonté de savoir*, Paris, Gallimard, 1976, p. 89).

19. En plus des métaphores, des images qui, tel le rêve du pasteur, sont des prolepses du dévoilement futur, il y a d'autres indices de la tragédie à venir dans ces « fuir avant que... », « comme ce joueur de flûte qui... », qu'écrit Stevens.

l'égal de Stevens, de toute cette violence, étonné par les causes obscu-
res de ce déchaînement meurtrier, étonné par le griffon du texte qui
résout l'énigme pour mieux voiler les causes de la tragédie. Le lecteur
sait qui est le meurtrier, mais dans la confusion des voix et des identités,
un doute s'installe. Il ne suffit pas de connaître le nom du meurtrier
mais de savoir qui agit. Peut-être Stevens et le pasteur ont-ils raison
d'accuser le vent : « Dans cette histoire, il faut tenir compte du vent »,
disent-ils. Et qu'est-ce que le vent sinon le souffle de l'écriture, cette
« parade sauvage » qui extorque la volonté des hommes. Aussi, dans un
post-scriptum qui rejoint le pré-texte, l'avis au lecteur que signait
l'auteure, les aveux de Stevens ont-ils été rejetés par la cour, parce que
considérés comme extorqués et non conformes à la loi.

Collaborateurs

Ce numéro a été préparé par Régine Robin

Christian ALLÈGRE

Détenteur d'un doctorat en études françaises de l'Université de Montréal, il s'intéresse au devenir des sciences humaines et sociales à l'ère des réseaux électroniques et fait partie de l'équipe du réseau interuniversitaire RISQ (Réseau interordinateurs scientifique du Québec), qui est le bras technologique et l'opérateur du réseau électronique reliant les universités québécoises, où il est maintenant chargé de mission.

Monika BOEHRINGER

Professeure à l'Université du Nouveau-Brunswick à Saint-Jean, elle a terminé une thèse sur l'énonciation et l'intertextualité dans le cycle indien de Marguerite Duras et des recherches post-doctorales sur l'autobiographie au féminin. Elle prépare un numéro spécial sur l'écriture de soi au féminin pour *Dalhousie French Studies*. Elle a publié des articles dans *Études littéraires* et *Recherches sémiotiques/Semiotic Inquiry*.

Sylvie BRIAND

Titulaire d'une maîtrise en études françaises de l'Université de Montréal et journaliste littéraire, ses recherches portent sur le fait divers et la littérature.

Paul BRAFFORT

Directeur de programme au Collège international de Philosophie, élu membre de l'OuLiPo en 1961, il fonda, avec Jacques Roubaud, l'ALAMO (Atelier de littérature assistée par la mathématique et les ordinateurs) dont il est le directeur scientifique. Il est l'auteur de : *Computer Programming and Formal Systems* (édité en collaboration avec David Hirschberg, North-Holland, 1963), *L'intelligence artificielle* (PUF, 1968), *Science et Littérature* (Diderot, 1998-1999) et, dans la *Bibliothèque oulipienne*, des fascicules : n° 9 *Mes hypertropes*, n° 18 *Le désir (les désirs) dans l'ordre des amours*, n° 48 *Les bibliothèques invisibles*, n° 54 *Trente-quatre brazzles*.

Jean CLÉMENT

Professeur de lettres, affecté au département «Hypermédias» de l'Université de Paris-VIII, il a publié de nombreux articles sur l'hypertexte et la littérature numérique dont «Du texte à l'hypertexte : vers une épistémologie de la discursivité hypertextuelle» (*Hypertextes et hypermédias : réalisations, outils, méthodes*, Paris, Hermès, 1995) et «L'hypertexte de fiction, naissance d'un nouveau genre?» (Alain Vuillemin et Michel Lenoble [dir.], *Littérature et informatique : la littérature générée par ordinateur*, Artois Presses Université, 1995).

Bernard MAGNÉ

Professeur de littérature française à l'Université de Toulouse Le Mirail, il est spécialiste de Georges Perec, auquel il a consacré de très nombreux articles et un tout récent *Georges Perec* (Nathan-Université). Il travaille également sur la génération automatique de textes par ordinateur. Il vient de réaliser pour l'exposition *Désir d'apprendre* (Cité des sciences de La Villette) un générateur de comptines.

Benoît MELANÇON

Professeur au département d'Études françaises de l'Université de Montréal, il a édité de nombreux ouvrages collectifs et publié *Diderot épistolier. Contribution à une poétique de la lettre familière au XVIIIe siècle* (1996) et *Sevigne@Internet. Remarques sur le courrier électronique et la lettre* (1996). Il est le webmestre de la Société canadienne d'étude du dix-huitième siècle. En 1999, il a été élu vice-président de la Société internationale d'étude du dix-huitième siècle.

Régine ROBIN

Professeur au département de Sociologie de l'Université du Québec à Montréal, elle est l'auteure de nombreux ouvrages. Elle a écrit récemment : *L'immense fatigue des pierres* (XYZ, 1996) et *Le Golem de l'écriture. De l'autofiction au cybersoi* (XYZ, 1997). Ses recherches sont centrées sur l'écriture migrante, les identités plurielles et les hypertextes de fiction.

Résumés

Régine Robin
LE TEXTE CYBORG

L'article veut mettre en évidence l'importance d'Internet pour les nouveaux enjeux ayant trait à l'écriture et à la littérature. Mettant l'accent sur l'hypertexte de fiction, il souligne les immenses potentialités d'une écriture et d'une lecture non linéaires. Il fait état d'une expérimentation personnelle autofictionnelle à propos d'une page Web.

This article studies the influence of the Internet on literary writing. Considering particurlarly fictional hypertexts, it emphasizes the great potential of non linear writing and reading. It also presents a personal autofictional experimentation on the Web.

Jean Clément
HYPERTEXTE ET COMPLEXITÉ

La complexité est devenue un concept-clé dans de nombreux domaines, de la mécanique des fluides aux prévisions économiques, de la météorologie à l'astronomie. Un renversement épistémologique s'est opéré dans les sciences et dans la pensée contemporaine qui modifie le rapport à la connaissance. Cet article essaie de montrer comment l'hypertexte peut être une réponse appropriée à l'irruption de la complexité dans le champ de la pensée et du discours.

Complexity has become a key concept in many fields: from the mechanics of fluids to economic forecasting, from meteorology to astronomy. An epistemological reversal took place in the sciences and in contemporary thought which has changed the relationship to knowledge. This article intends to demonstrate how hypertext could be an appropriate answer to the eruption of complexity in the fields of thought and discourse.

Christian Allègre
TEXTES, CORPUS LITTÉRAIRES ET NOUVEAUX MÉDIAS ÉLECTRONIQUES : QUELQUES NOTES POUR UNE HISTOIRE ÉLARGIE DE LA LITTÉRATURE.

La révolution numérique a mis rétrospectivement le livre et l'imprimé en lumière comme des technologies de transmission culturelle. Mais de quoi sera faite la *République des lettres* de demain, alors que les corpus littéraires et les instruments de travail seront *remédiatisés* par l'ordinateur et les réseaux électroniques ? La théorie des hypertextes qui a connu un certain succès au début de la décennie vise un autre but et s'avère insuffisante pour aider à rendre compte du nouveau statut des textes dans l'économie du savoir. Cet article propose quelques jalons en vue d'une étude de la construction sociotechnique des corpus et des instruments du travail littéraire et suggère aux historiens de la littérature d'étendre leur domaine à ces nouvelles pratiques.

The Digital Revolution has helped us look back at the book and printed matter in general as technologies of cultural transmission. But the question is: what will the Republic of Letters of the future look like when the literary corpora and the tools for teaching and research will be remediated by computers and electronic networks? The Theory of Hypertexts does not address this question and can't help us evaluate the status of texts in the knowledge economy. This article proposes to study the socio-technical construction of our remediated corpora and tools and suggests that literary workers include it in their study of the history of literature.

Benoît Melançon

LUMIÈRES ET INTERNET

Après une réflexion sur les raisons qui ont amené les dix-huitiémistes à être parmi les premiers à s'intéresser à l'utilisation des outils informatiques en études littéraires, puis à les délaisser, l'auteur propose une solution au problème de la parcellisation de l'information dans Internet (un *portail* pour le xviii⁰ siècle), puis s'interroge sur les questions soulevées par la présence grandissante des outils informatiques dans la pratique des littéraires, cela à partir d'exemples dix-huitiémistes (la lecture non linéaire de l'*Encyclopédie*, la poétique des genres, les limites du champ littéraire).

The article discusses three questions. Why did the dix-huitiémistes, who were among the first literary scholars to use computers, turn away from such studies? Is there any solution to the problem of searching the Internet for resources about the Eighteenth Century? How does the Internet change the way literary scholars deal with non linear reading, the poetics of genre or the institution of literature during the Enlightnement?

Paul Braffort

L'ALAMO EN AVANT « POST- »

C'est naturellement que la « Littérature combinatoire » s'est orientée vers l'informatisation. Prévue par Raymond Queneau, François Le Lionnais et les membres de l'OuLiPo, programmée par Jean Baudot et Gérard Verroust, celle-ci a donné naissance à l'ALAMO. Il s'agit donc là d'un nouvel épisode des relations anciennes et complexes entre Science et Littérature, Technologie et Humanités et la leçon qu'on peut en tirer ne va pas dans le sens des approximations hâtives du postmodernisme, mais dans celui d'un enrichissement et d'un approfondissement de la créativité rationnelle.

Quite naturally, Combinatory Literature turned to Computer Aided Literature. Foreseen by Raymond Queneau, François Le Lionnais and other members of Oulipo, programmed by Jean Baudot and Gérard Verroust, it gave birth to ALAMO. This comes as a new episode in the old and complex relationships between Science and Literature, Technology and the Humanities. It is argued that these developments, far from comforting postmodernist approximate statements, open new ways to rational creativity.

Bernard Magné
MACHINES À ÉCRIRE, MACHINE À LIRE

Cet article décrit la structure et le fonctionnement du CD-ROM *Machines à écrire*, réalisé par Antoine Denize et Bernard Magné. Mettant en scène (en écran) deux textes combinatoires de Raymond Queneau («Un conte à votre façon», «Cent mille milliards de poèmes») et un de Georges Perec («Deux cent quarante-trois cartes postales») et permettant l'exploration de la littérature combinatoire des grands rhétoriqueurs à nos jours, *Machines à écrire* offre à la fois un nouveau mode d'approche des textes et l'occasion de réhabiliter une littérature trop souvent ignorée ou méprisée.

The present paper describes the structure and workings of Machines à écrire, *a* CD-ROM *produced in collaboration with Antoine Denize. This* CD-ROM, *which includes Raymond Queneau's "Un conte à votre façon" and "Cent mille milliards de poèmes" as well as Georges Perec's "Deux cent quarante-trois cartes postales", demonstrates the workings of combinatory literature from the Grands Rhéthoriqueurs to the present day.* Machines à écrire *offers new ways of approaching literature and an opportunity to discover and appreciate texts which are generally neglected and misunderstood.*

Exercices de lecture

Monika Boehringer
PAROLES D'AUTRUI, PAROLES DE SOI :
JOURNAL DU DEHORS D'ANNIE ERNAUX

Refusant les lois génériques et énonciatives du journal intime, *Journal du dehors* est un «anti-journal intime» (Ernaux) dans lequel le «je» de la scriptrice s'esquive souvent au profit de voix anonymes qu'elle fait entendre. L'orchestration habile des instances énonciatives crée une pluralité de discours où l'intime se fait public, l'individuel s'exprime de façon anonyme, et le personnel devient transpersonnel. L'ambiguïté, voire la porosité, du «je» est mise en évidence dans un extrait où la scriptrice se compare à une prostituée. Loin d'être incongrue, l'analogie déconcertante s'avère bien fondée, car elle relie trois fils conducteurs du texte : désir, argent et littérature. Prenant cette figuration extrême de la scriptrice comme point de départ, l'article étudie la façon dont les femmes sont représentées dans ce texte où s'entrecroisent paroles d'autrui et de soi.

Journal du dehors *by Annie Ernaux is an atypical diary: instead of exploring the self, the enunciating subject concentrates on "the other" as seen in large supermarkets, in the "no man's land" (Ernaux) of a Parisian suburb which transforms individuals into anonymous crowd, and in commuter trains. Her gaze penetrates this mass and singles out those who usually go unnoticed: a cashier, an older woman lost in the mall, beggars etc. By selecting and juxtaposing scenes of marginal people ant their counterparts — those who, supposedly, belong to the intellectual, political, or economic "elite" — the observer's own subjective positioning emerges slowly: writing (about) the other is always also writing (about) the self.*

Sylvie Briand

LES FOUS DE BASSAN D'ANNE HÉBERT OU L'APOCALYPSE DU GRIFFON

Anne Hébert a toujours pratiqué un art dit manichéen, jouant sur les contrastes, les inversions, les ambivalences. Le roman *Les fous de Bassan* ne fait pas exception à cette règle, au contraire. L'article propose une lecture de ce roman qui tient compte des dualités thématiques qui le régissent, parmi lesquelles se trouvent les tiraillements entre le réel et l'imaginaire, la polyphonie des voix, et l'écriture apocalyptique.

Anne Hébert's writing deals with contrast, inversion, ambivalence. Her novel Les fous de Bassan *doesn't make any exception to this. This article studies this novel with regard to its thematic dualism, which are the conflict between fiction and non fiction, the narration polyphony, and the apocalyptical writing.*

Directrice : Lise Gauvin

études françaises

Fondée en 1965, *Études françaises* est une revue de critique et de théorie. Elle s'intéresse aux littératures de langue française, aux rapports entre les arts et les sciences humaines, les discours et l'écriture. Chaque numéro contient un ensemble thématique ainsi que diverses études. Elle s'adresse particulièrement aux spécialistes des littératures française et québécoise, mais aussi à toute personne qu'intéresse la littérature.

Déjà parus ☐ Le sens (du) commun : histoire, théorie et lecture de la topique • 12 $ ☐ Gaston Miron : un poète dans la cité • 23,50 $ ☐ Index 1965-2000 • 12 $ ☐ Robinson, la robinsonnade et le monde des choses • 12 $ ☐ L'automatisme en mouvement • 23,50 $ ☐ Guerres, textes, mémoire • 12 $ ☐ *Bonheur d'occasion* et *Le Survenant* : rencontre de deux mondes • 12 $ ☐ L'ordinaire de la poésie • 12 $ ☐ Les écrivains-critiques : des agents doubles ? • 12 $ ☐ Québec, une autre fin de siècle • 13,50 $ ☐ Faire catleya au XVIIIᵉ siècle : lieux et objets du roman libertin • 12 $ ☐ Le roman chevaleresque tardif • 12 $ ☐ Politique à l'œuvre • 10,50 $ ☐ Hommage à Georges-André Vachon • 14,50 $ ☐ La représentation ambiguë : configurations du récit africain • 10,50 $ ☐ François-Xavier Garneau et son histoire • 12 $ ☐ Alain Grandbois, lecteur du monde • 10 $ ☐ L'Amérique de la littérature québécoise • 8 $ ☐ L'invention • 9,50 $ ☐ Sociocritique de la poésie • 9 $ ☐ Variété • 9 $ ☐ Ville, texte, pensée • 9,50 $ ☐ Les leçons du manuscrit • 12 $ ☐ L'Amérique entre les langues • 11,50 $ ☐ Bibliothèques imaginaires du roman québécois • 13,50 $

Bon de commande

☐ Veuillez m'abonner à *Études françaises* pour l'année _____

☐ Veuillez m'expédier les titres cochés

☐ Paiement ci-joint _____ $
Plus 7 % TPS (non applicable à l'extérieur du Canada)

☐ Chèque   ☐ Visa   ☐ Mastercard

Date d'expiration _____

_____
                    Signature

_____
Nom

_____
Adresse

_____
                              Code postal

Revue paraissant trois fois l'an
(printemps, automne, hiver)
Abonnement annuel 2000
Volume 36
Individus
Canada .... 28 $ CAN
Étudiants (avec photocopie
de la carte) .... 20 $ CAN
Étranger .... 34 $ US
Institutions
Canada .... 55 $ CAN
Étranger .... 55 $ US

Service d'abonnements :
FAXON QUÉBEC
C.P. 48884
Outremont, Qc
Canada H2V 4V3
Tél. : (514) 274-5468
Pour le Québec et l'Outaouais :
1 800 361-1431

Pour la vente au numéro,
voyez votre libraire

Pour toute autre information
Les Presses de l'Université de Montréal
C.P. 6128, succ. Centre-ville
Montréal, Qc H3C 3J7
Tél. : (514) 343-6933 • Téléc. : (514) 343-2232
Courriel : pum@umontreal.ca

Dépositaire Europe
Librairie du Québec
30, rue Gay-Lussac
75005 Paris, France
Tél. : 1.43.54.49.02 • Téléc. : 1.43.54.39.15